JN136263

人と建物がつむぐ街の記憶

―山形県鶴岡市を訪ねて（1）―

髙瀬　雅弘　編著

弘前大学出版会

はじめに

山形県鶴岡市は、庄内藩酒井家一四万石の城下町として栄え、今でもあちこちで近世の歴史的情趣を感じることができる街です。その一方で、この街にはすぐれた近代建築が数多く残されています。なかでも明治の文明開化の時代に活躍した名棟梁・高橋兼吉による西洋風建築は、今日に至るまで大切に保存されています。

現在、鶴岡市では「歴史的風致維持向上計画」に基づいた歴史まちづくりが進められています。そこには行政・市民・大学に関わる人びとによる協働の姿を見てとることができます。本書もまた、市役所の職員の皆さんや地域の皆さんによる鶴岡市の歴史まちづくりの取り組みの成果を伝えるもののひとつです。

本書で取り上げているのは、鶴岡市の「歴史的風致維持向上計画」のなかの三つの重点地区のひとつである「鶴岡公園とその周辺地区」のうち、鶴岡公園内、家中新町界隈、馬場町（北）界隈、七日町・一日市町界隈にある一〇の建物です。

これらの建物は、ごく自然な流れのなかで現代まで続いてきたわけではありません。鶴岡の街は戦災こそ免れたものの、一九六四（昭和三九）年には新潟地震による被害を受け、また高度経済成長期の急速な近代化の波にもさらされました。それでも地域の人びとを中心とした地道な努力によって、多くの建物が今日まで維持されています。そうして積み重ねられた人びとの思いを通して、この街のあゆみをたどってみたいと私たちは考えました。

本書は建築そのものを扱った本ではありません。私たちの関心は、建物とともに生きてきた人びとの人生を通して、建物や街並みの「記憶的価値」を探り、それらを記録することにあります。モノとしての建物の価値の評定は、専門の方々にお願いすることとして、今のうちに聞いておかなければならないことにしっかりと耳を傾け、書いておかなければならないことをきちんとまとめ、それらを共有し、継承することが本書の目指すところです。

私たちが描こうとするのは、教科書の年表に出てくるような、いわゆる大文字の歴史ではなく、記憶です。記憶には間違いやうつろいやすさもともないます。そうした側面を自覚しつつ、人びとの記憶の蓄積の分厚さが、鶴岡という街の豊かさを体現していると私たちは考えています。そしてこれらが重なっていくことで、やがては歴史というものを形成していくと考えます。

概してモノとしての建物は、人間よりも長く生きることが多いでしょう。この器としての建物に盛られた人びとの物語は、しばしば時間を超えて何世代にも及びます。そしてひとつの建物を中心として、人びとの記憶は同心円状に広がって、数々の円は重なりをもっていきます。このような時間と空間の関係構造を通して、街の記憶を探っていきたいと思います。

本書は、弘前大学教育学部の社会調査実習の成果です。調査に参加した学生は全員がこの実習を通じて初めて鶴岡市を訪問しました。そこでの数々の出会いを通して、この街の魅力をそれぞれが感じ取っていきました。メディアを通した美辞麗句に彩られたメッセージとは異なる形で、地域のよさを実感できるところにも、鶴岡市のもっている力を感じます。

私たちの暮らす弘前市もまた、歴史的情趣をもった城下町であり、名棟梁・堀江佐吉による洋館や、近代建築の巨匠・前川國男の建築が多く存在する街です。二つの城下町を歩いていると、それぞれ異なる歴史的背景を持ちつつも、どこか共通した街の趣のようなものを感じることがあります。私たちは、鶴岡の街を知るとともに、普段暮らしている弘前の街にもそれまでとは違った視点からの魅力を感じられるようになりました。小さなところから始まった聞き取り調査が、二つの都市のこれまで以上の交流のきっかけになればうれしく思います。

本書をまとめるにあたっては、社会調査実習の成果報告書をもとにし、学生たちの感覚をできるだけ活かすように心がけました。したがって、弘前の大学生の目線からの記述となっており、各章のタイトルも執筆担当者の感じたとおりの表現となっています。ただし書籍化にあたっては、編者が加筆修正や写真資料の追加などを行っており、叙述の誤りなどの責はすべて高瀬に帰するものであります。

歴史ある街を訪ね歩く機会をいただいた私たちのささやかな取り組みが、人びとの記憶を記録すると同時に、本書を手に取ってくださった方々の記憶を喚起するものとなれば幸いです。

執筆分担（五十音順）
赤平　江莉香　第一章・第九章
飯山　智恵美　第六章
工藤　久実　第八章

工藤　真理　　第四章
三上　愛　　第七章
四橋　怜実　　第三章
渡邊　春生　　第二章・第五章
高瀬　雅弘　　はじめに・第十章・おわりに

※資料中の旧漢字は適宜新漢字に改めている。ただし、ひらがなについては原則として資料の旧かなづかいをそのまま用いている。
※本文中における建物等の現状に関する記述は、調査時点（二〇一五・二〇一六年）で確認された状況に基づいている。
※参考文献に記載されているURLの最終閲覧日は二〇一七年一一月一一日である。
※本文中の写真のなかで説明のないものは、高瀬または各章の執筆者の撮影によるものである。古写真についても出典・所蔵が明記されていないものは高瀬が所蔵するものである。
※写真の出典表記のなかで★が付いているものは、鶴岡市郷土資料館が所蔵するものである（表記の煩雑さを回避するため、お許しをいただいて略記号による表記とした）。

目次

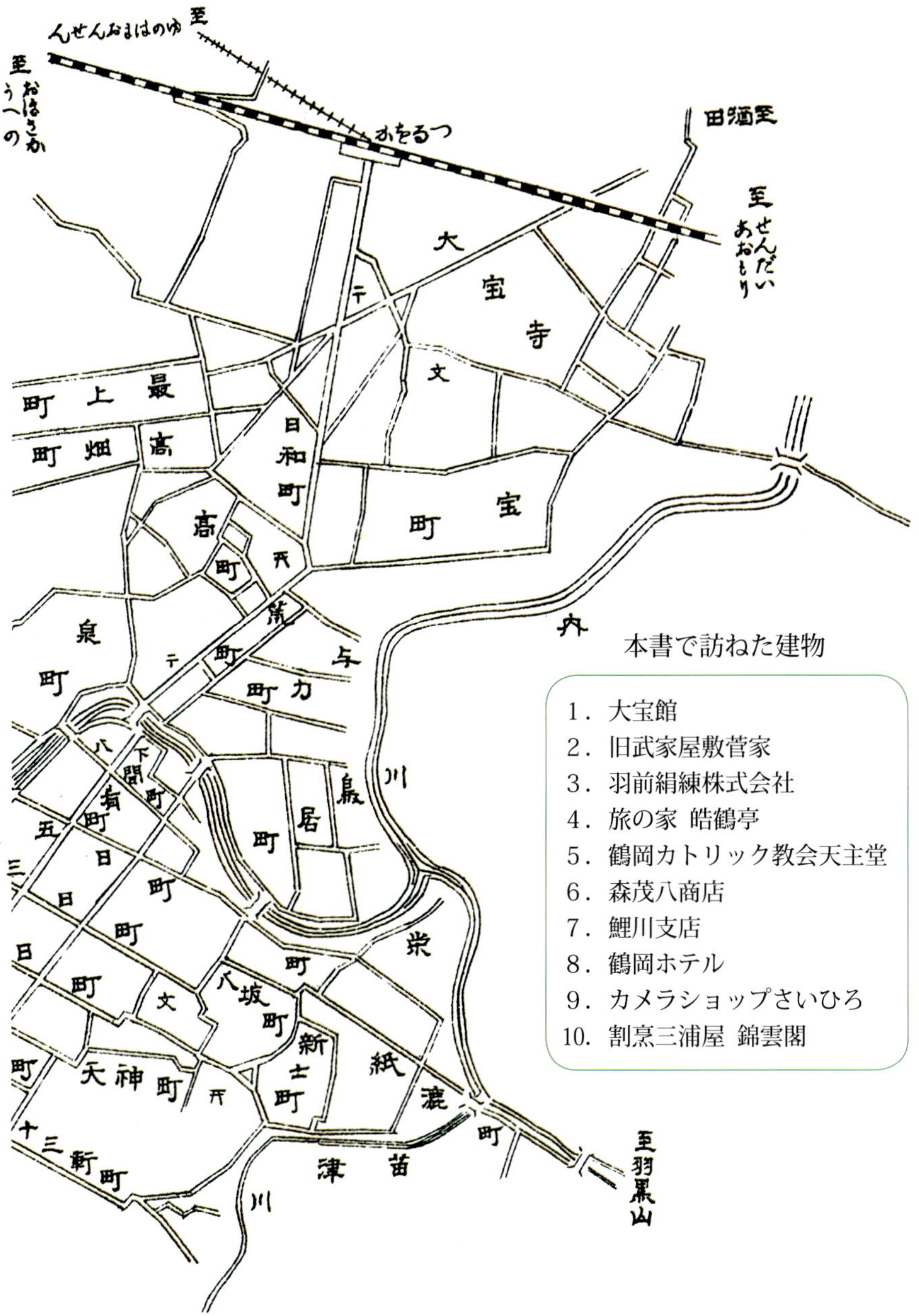

本書で訪ねた建物

1．大宝館
2．旧武家屋敷菅家
3．羽前絹練株式会社
4．旅の家 皓鶴亭
5．鶴岡カトリック教会天主堂
6．森茂八商店
7．鯉川支店
8．鶴岡ホテル
9．カメラショップさいひろ
10．割烹三浦屋 錦雲閣

『鶴岡市案内』（1933（昭和8）年）の地図をもとに作成

鶴岡市略圖

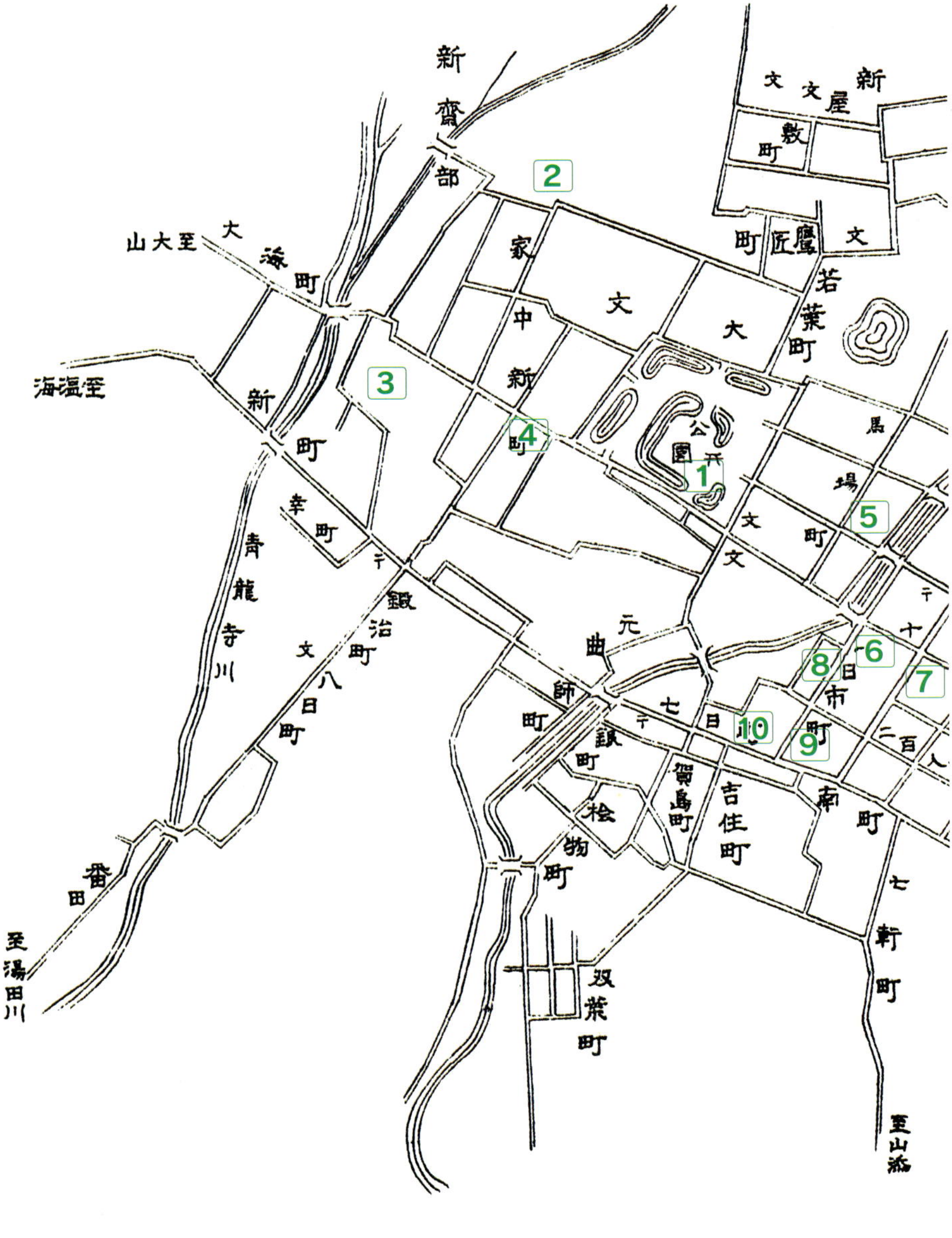

新屋敷町
鷹匠町
若葉町
馬場町
公園
大海町
至大山
至温海
新町
幸町
家中新町
青龍寺川
鍛冶町
八日町
元曲師町
七日町
市日町
十日町
二百人町
銀町
檜物町
賀島町
吉住町
南町
七軒町
双葉町
番田
至湯田川
至山添
新斎部
1
2
3
4
5
6
7
8
9
10

第一章　歴史を見つめ続けた存在から
歴史を語る存在へ
―大宝館―

一　大正時代の擬洋風建築

三雪通りから鶴岡公園に入り、白い大鳥居をくぐって荘内神社に参拝し、振り返って藤沢周平記念館の前を右に曲がっていくと、陽の光を浴びて輝く白亜の建物が目に入る。真正面に出てみると、「大寶館」という力強い文字が右から読む昔ながらの形で書かれている。「宝」の旧字である「寶」を用いていることからも、歴史と重厚感を感じる。

「大宝館《たいほうかん》」は、大正天皇の即位を記念して建設されたもので、一九一五（大正四）年一〇月に完成、一一月一〇日即位の日に開館した。この建物は、大正建築の原形を留めていることから、一九八一（昭和五六）年に鶴岡市の有形文化財に指定されている。一般的には、このような洋風建築としての側面が紹介されているが、普段弘前に住んでいる者からすると、雪国では普段あまり見ることのない瓦が、大きな洋風建築の屋根に使われていることに驚きを覚える。

堀司朗さんは、鶴岡市立図書館職員として大宝館を職場に三〇年以上にわたって勤め、この建物とともに生きてこられた方である。退職後は郷土史の研究者、鶴岡市史編纂委員として、引き続き鶴岡の歴史と深く関わってこられた。

二　大宝館のあゆみ

現在の大宝館は、鶴岡にゆかりのある人の展示をする人物資料館である。しかし開館当時から今日まで一貫して人物資料館であったわけではない。堀さんも編纂に携わった『鶴岡市史 中巻』および『鶴岡市史下巻』に基づいて大宝館ができた経緯と、その変遷をたどってみよう。

明治天皇の崩御にともない年号が大正に変わり、当時の鶴岡町は嘉仁親王の即位を記念して図書館を建てようと考え、調査委員を任命して調査を委嘱した。しかし、町会議員のなかには実業家出身の人が多く、図書館だけでは満足することができず、物産陳列場を併設し、さらに公会堂的機能まで加えたいという要求が強くなった。その結果、名称を記念館とし、その内容も図書館、物産陳列場ならびに公会堂を兼ねるものとされ、公会堂には食堂や玉突（ビリヤード）施設まで備えるハイカラなものとなった。

場所は、初め鶴岡公園内にあった町役場庁舎の北とし、小山を崩して松の木を切り払う計画であった。ところがこの松の木は「馬頭の松」といって、旧藩政時代、鶴ヶ岡城の大手門をのぞみ、二の丸の土手にそびえている有名な松であるということで、その場所をやめ、現在のところに決まった。この場所は昔、二の丸から本丸に出入りする中の橋に続く、本丸内の中御門のあったところである。

林茂政町長
のち鶴岡市初代市長★

建築は木造二階建てで、新町（現新海町）の小林昌徳が請け負い、監督して竣工した。大宝館の名は、中国の易経にある「天地の大徳を生という。聖人の大宝を位という」からとったものである。当時の林茂政町長が、大宝は御即位を意味するので最も適当だと考えたのである。こうして一九一五（大正四）年一一月一〇日、開館の日を迎えた。

大宝館開館記念の絵葉書（1915（大正4）年）★

開館当時は、一階が物産陳列場と図書閲覧室と事務室、二階が食堂兼集会室、大集会室、和洋小集会室各一となっていた。現在、人物の展示スペースとなっているところ、「高山樗牛誕生の間」を復元展示しているところが、それぞれ当時の物産陳列場、図書閲覧室にあたる。集会室は当時の鶴岡の人びとの要望に応えたものであった。鶴岡にはすでに公会堂はあったが、もう少し小さくて使い勝手のよい手頃な集会場として、大宝館の集会室は五〇～六〇人ほどが集まる会合にはちょうどよく、頻繁に使用されたという。

開館当時の図書館の蔵書数は私立鶴岡図書館の寄贈図書を加えて一八七二冊だった。元荘内中学校の教諭であった犬塚力が委嘱を受けてその整理にあたった。閲覧者は、開館した年には一日平均三五人、延べ一五二八人だったが、一九一八（大正七）年から一人二銭の入館料を取ったこともあり、利用者は激減した。

ちょうどこのころ、鶴岡は町としての転機を迎えていた。一九一八（大正七）年に稲生村と合併し、一九二〇（大正九）年には大宝寺村を合わせて町域を拡大し、一九二四（大正一三）年には市制を施行した。また、同年には羽越線が全通し、一九二〇（大正九）年には鶴岡工業学校（現在の鶴岡工業高等学校）ができて、県立学校が三校となった。このように、鶴岡は政治、経済、文化の各方面で急速に発展する時代を迎えたので、大宝館のなかに社会教育施設の図書館と、勧業施設の物産陳列場を併置させておくという時代遅れのことはできなくなった。

町当局は図書館と物産陳列場の機能を十分発揮させるため、両者を分離することを考え、一九二五（大正一四）年、図書館を大宝館の北側へ新築移転した。利用者には便利となり静かに読

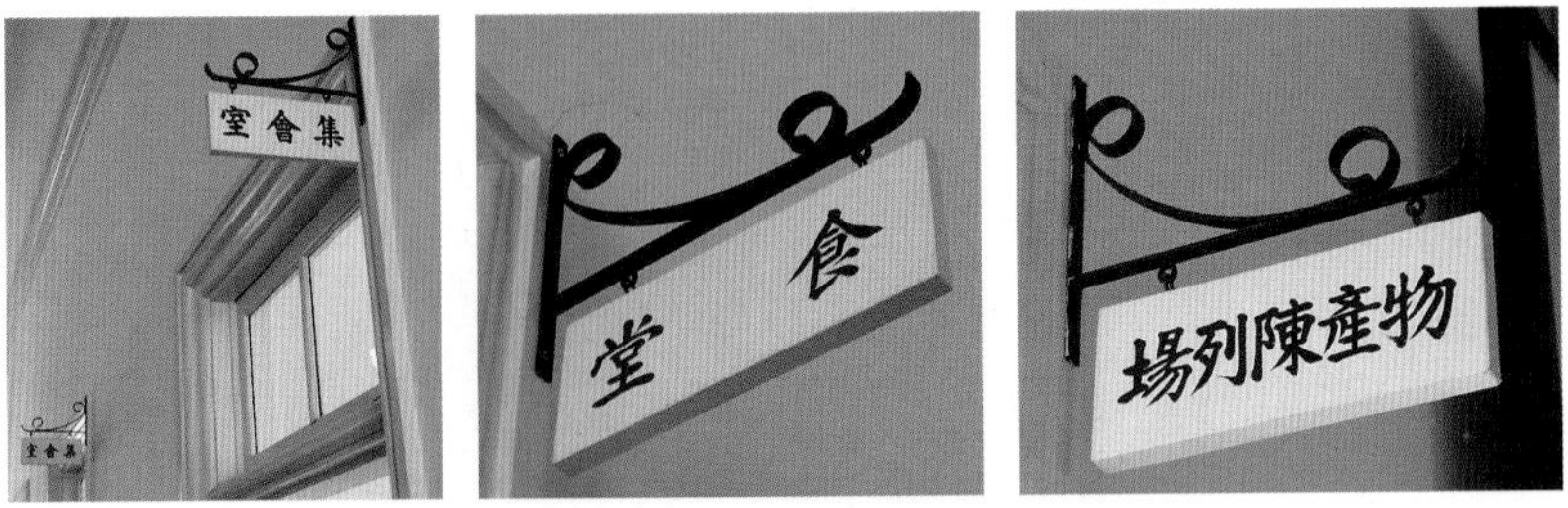

当時の部屋の用途を示す札が今も残る

書することができるようになったので、閲覧者数も次第に増加した。一方で、大宝館では陳列棚を増やし全館を物産陳列場として使用した。物産陳列場の出品物は、生糸、絹織物、真綿、綿織物、染物、木工品、漆器、履物、刃物、漁具、絵蝋燭、杓子、菓子、漬物、焼麩、紫蘇巻、いづめ子（篭に入れられた子どもの人形）、毛毬、板獅子（音の出る郷土玩具）、人形など数十種で、出品者は一〇〇名前後であった。

戦後の一九五一（昭和二六）年、物産陳列場を旧山形県水産業会跡に移転し、大宝館は全館図書館として使用され、引き続き地域の人びとに親しまれてきたが、一九八五（昭和六〇）年に新館を建てることになった。

そして、図書館が家中新町に新築移転した後、大宝館を全面的に保存するための修理を行い、一九八八（昭和六三）年からは郷土を築いた人びとの功績を伝える場として人物資料館となったのである。

堀さんは、市役所の土木課都市計画係の職員として勤務した後、縁があって一九五七（昭和三二）年から市立図書館に勤務することになった。このときは大宝館が全館図書館だった時代で、建物の構造上の不便さもあったと振り返る。冬には石炭のストーブを設置したが、煙突をつなげなければならないし、天井が高いのでなかなか暖まらない。お濠に面した立地上、本来夏には窓を開けると風が通るはずだが、壁際はほと

堀さんにお話をうかがう

んど書架で塞がっており、風が入ってこない。このような理由から、大宝館は図書館には向かない建物だと思っていた。一九八五（昭和六〇）年に建てられた現在の鶴岡市立図書館本館は、利用しやすいが、約二〇年間の利用を想定して建築されたもので、蔵書量が増えた今では書庫が満杯になり、大きな課題となっている。

堀さんは、一九九一（平成三）年までの三四年間、図書館に勤めた。退職後は人物資料館の展示委員を委嘱された。つまり、堀さんは人生の半分以上を大宝館と関わりながら過ごしてきたことになる。「三〇年も勤めたところですから愛着もあります」と、懐かしそうに職員時代を振り返っていたことが印象的であった。

三　大宝館をめぐる出来事

大宝館は建築からはや一〇〇年を超える建物である。これまで大宝館を訪れた人は数えきれない。それだけに、ここには様々な歴史と記憶が刻まれている。

大宝館御休憩
『皇太子殿下山形県行啓録』
（国立国会図書館デジタルコレクション）

大宝館を出る皇太子
「東宮殿下鶴岡市行啓記念」
絵葉書★

（一）皇太子を迎えて

一九二五（大正一四）年一〇月、ときの皇太子（のちの昭和天皇）が、宮城県で行われた陸軍特別大演習を統裁するために東北に行啓することになった。皇太子は一五日に鶴岡を訪れ、県立工業試験場や県立絹織物検査所を視察した後、大宝館で休憩した。この日のために大宝館のなかには金屏風が立てめぐらされ、見事な盆栽があしらわれた。市は、大宝館に旧藩校致道館の祭器と当時の特有の民具を陳列して、初代市長である林茂政がそれらについての説明を行った。皇太子は、調度品についての説明を聞き、民情風俗に心を留め、興味深く眺めた。調度品には、たこぼうし（絞り染め）、やまをか（風呂敷のような裏付きの布で頭や顔を包むもの）、ふかぐつ（藁で編んだ雪靴）などがあった。皇太子は教育、産業、民情について各地を視察していたのだが、鶴岡を訪れた際には是非大宝館を見てほしいという市の思いがあったのだろう。このころから大宝館が鶴岡のシンボルとして認識されつつあったようである。

この行啓を記念して山形県が編纂した『皇太子殿下山形県行啓録』という書物には、この日の鶴岡の混雑を報じた新聞記事が引用されている。

紺碧の空には綿をちぎつた様な、白雲が去来し、曇り勝ちなる秋の日には、珍しい快晴で、真に絶好の行啓日和を迎えた、一五日の鶴岡市は一般奉迎者で空前の人出を見た。沿道到る処に人山を築いてをる中にも、五日町・三日町通り一帯の商家の店舗には、家族のものが静座して、殿下の御通過をお待ちしてゐるのは、丁度雛壇そのものの如く、一異彩を放つてゐた。鶴岡公園の池の畔の道路筋一帯には、色とりどりに美装した小学校の子供等が「我等の宮様」を奉拝し嬉々として喜んでゐた。（「日刊庄内」一九二五（大正一四）年一〇月一六日付）

このように、市全体で皇太子を歓迎するという滅多にないイベントは、そのときの風景とともに人びとの心に刻まれたことだろう。

（二）大宝館に伝わる伝説

大宝館の外壁はまぶしいばかりの白さであるが、この壁は一〇年も経つと汚れてくるため、たびたび塗り替えを行っている。塗り替えは正面から行い、右側、左側、と何年もかけて行う。しかし、戦時中にはこの白さゆえに目立ちすぎるということで黒く塗ったという話がある。当時の図書館長であった大瀬欽哉さん（鶴岡市名誉市民）が『図書館四十年史』の編纂にあたり寄稿した回顧録にも記載がある（この原稿は二〇一五（平成二七）年に鶴岡市郷土資料館で展示された）とのことだが、その姿を写した写真は一枚も残っていないという、まさに伝説である。今の姿からは想像できない黒い大宝館を人びとはどのように見ていたのだろうか。その影を一切残さない現在の大宝館からは、当時の様子を推し量ることはできない。

（三）新潟地震の記憶

一九六四（昭和三九）年六月一六日一三時一分、大宝館で図書館の受付業務にあたっていた堀さんは、突然大きな揺れを感じた。新潟県下越沖を震源とする新潟地震である。マグニチュードは七・五で、日本海全域で津波が発生するなど各地に大きな被害をもたらした。

堀さんはとっさに外に飛び出したが、すぐに利用者が館内にいるので、とにかくみんなを誘導しなければと思い、再び建物に戻った。

激しい横揺れで、書架は倒れて横倒しになり、壁も崩れた。当時二階は学生の勉強室となっていた。お昼どきということでそれほど利用者は多くなかったが、二階にいた人は大きな揺れのなか、狭くて急な階段を降りなければならなかっ

大宝館１階の柱
（材料に特徴がある）

大宝館の階段
（２階から１階を見下ろす）

た。なかには、途中でつまずいたり、転げ落ちたりした学生もいたという。

物的被害、人的被害ともに大きかった新潟地震を経て、その後書架を上部でつなぐようにして転倒を防止するなどの地震対策を施した。それでも二〇一一（平成二三）年の東北地方太平洋沖地震（東日本大震災）のときには、新潟地震の記憶が蘇るなど、未だに忘れられない恐怖体験であるという。

四　鶴岡を創造してきた人びとを今に伝える

2階　展示室

大宝館は現在、人物資料館として、明治から平成にかけての時代に各分野で活躍した鶴岡市出身者、または鶴岡の発展に深い関わりのあった故人の資料を展示している。館内に入ると、洋風の照明や天井装飾などのしゃれた造りのなかに木枠の展示ケースが並び、落ち着いた雰囲気である。

展示する人物は定期的に展示替えを行い、毎回新たな人物を加えて二〇〜三〇人ほどを順次紹介している。私たちが見学したときには第三九期目の展示を行っており、これまでの展示替えを思うと、いかに多くの人びとが鶴岡の発展に寄与してきたかが窺える。定期的な展示替えは、市民にとっても観光客にとっても何回でも足を運ぶきっかけとなり、郷土についてのよき学びの場ともなっている。

大宝館内に復元された「高山樗牛誕生の間」

高山樗牛★

生家跡地には標柱が建つ

高山樗牛の生家と鶴岡公園内にある文学碑
（戦後期絵葉書）★

現在展示されているのは三二人だが、ここでは堀さんのお話に登場した三人について簡単に紹介する。

一人目は評論家、高山樗牛《ちょぎゅう》である。彼は、仙台の旧制第二高等学校（現在の東北大学）在学中から樗牛というペンネームをもって、校友雑誌に原稿を寄せた。大学時代には読売新聞社の募集小説「瀧口入道」が首席に当選し、新聞に連載されて注目をあびた。後に、博文館に入社し雑誌『太陽』の主幹となり、諸種の論文を発表するなど、文明批評家として健筆

黒崎研堂★

2010（平成22）年に鶴岡公園内に開館した藤沢周平記念館

黒崎研堂が書いた大宝館の銘板

大宝館の裏手にあった旧鶴岡市立図書館の建物（2008（平成20）年１月撮影）

を振るい、戦前の中等学校の国語の教科書には必ずといってよいほど樗牛の文章が掲載され、青年たちに感銘を与えた。鶴岡公園内には、胸像とともに「文は是に至りて畢竟人也、命也、人生也　樗牛」と刻まれた文学碑が建てられている。大宝館の一階展示室には、高山樗牛の生家の一部が「高山樗牛誕生の間」として復元されている。

二人目は小説家、藤沢周平である。清冽でわかりやすい文体と、読後感の爽やかさで読者の共感を呼んでいる、時代小説の第一人者である。一九七三（昭和四八）年の『暗殺の年輪』で直木賞を受賞した彼は、故郷鶴岡を愛し、その風景は小説にも様々な形で登場する。そして、『蝉しぐれ』や『花のあと』など数多くの作品が鶴岡をロケ地として映画化されている。現在、大宝館の裏手、かつて旧鶴岡市郷土資料館があった場所には、二〇一〇（平成二二）年に開館した藤沢周平記念館が建っている。

三人目は書道家、黒崎研堂である。庄内藩の家老酒井了明の子として生まれた研堂は、戊辰戦争を戦い、松ヶ岡開墾に従事し、後に町会議員にもなった。一八八六（明治一九）年、そのころ日本の書道の第一人者といわれていた日下部鳴鶴が鶴岡を訪れた際、研堂はその書に心を惹かれ弟子入りした。研堂は、「書は楷書より習うべし」といい、「書の第一は、気品にあり」として、精神表現・心の修養を強調した。そして、書道研究を重ね、吉田苞竹《ほうちく》・松平穆堂《ぼくどう》など優れた弟子を育て、庄内の書道発展の礎を築いた。大宝館の風格ある銘板も、廻腕法という書法で書かれた研堂の書である。

このように、鶴岡の発展に貢献した人びとの功績と人生のドラマが資料とともに紹介されている。展示は遺族一人一人にあたって資料を収集した教育委員会や展示委員の方々の努力の賜物である。同時に遺族の方々が資料を大切に保存していたことが現在まで続く展示の根本にある。

五　初めて鶴岡を訪れたときの感動

堀さんは、鶴岡の歴史について学び、『鶴岡市史』の編纂などに関わるなかでそれを伝えるという、郷土史家としての道を歩んできた。その話しぶりは生粋の鶴岡人を思わせるが、出身は意外にも神奈川県横浜市である。堀さんのお父さんは日活という映画会社に勤め、映写技師としてその技術を教えるために地方へ派遣されていた。そのため、長野や新潟への派遣を経て、堀さんが六歳のときに埼玉の大宮から鶴岡に移ってきたのである。ご両親は、西田川郡役所と鶴岡警察署、裁判所、鶴岡市役所が並んでいた通りはなかなか素敵なところだと感じたそうである。当時の景観は堀さんの記憶のなかに今もある。

忽然と擬洋風建築が並んで現れる光景は新鮮で、強く印象づけられたことだろう。また、当時の鶴岡の印象は、旧城下町の周辺に農村が点在する小さな町というものだったという。

西田川郡役所・鶴岡警察署が並んでいた風景
（明治～大正期絵葉書）★

六　城下町、鶴岡を見つめて

大正時代に鶴岡が全国で一〇〇番目の市になったころから、田んぼだったところに駅ができ、新しい通りが造られ、街が少しずつ広がっていっ

旧鶴岡警察署
現在は致道博物館内に移築
（戦後期絵葉書）

旧西田川郡役所
（現在は致道博物館内に移築）

た。戦後になると、郊外に学校が建てられ、その周辺に人が住むようになる。学校が郊外にあるということで、堀さんも冬の吹雪のなかの通学には苦労したそうだ。その後、高度経済成長期には工業団地が隣接してでき、それによっても市街地が広がった。農村部では人口が減り、街に人が集まるようになった。このような流れのなかで街の姿は大きく変わってきた。特に移り変わりが激しいのが商店である。郊外で買い物ができるようになったことで、かつては鶴岡随一の商店街であった銀座通りは多くの店がシャッターを下ろしてしまっている。一連の街並みの変化について堀さんは次のように話してくださった。

古いものに執着をもたずに捨て去るという時代は終わっていると思いますね。今は大事にするようになってきていますけれども。昔は結構、由緒ある建物を壊してしまったりしていたのですよ。惜しいものをずいぶん失っていると思います。

少し前までは、鶴岡の人は古いものの価値をそれほどは認めていなかったという。それは高度経済成長期の日本の各地に共通していたことかもしれない。しかし、最近は古いものの価値を認めて大事なものだと認識するようになってきた。鶴岡市が推進する歴史まちづくりの計画もその一端を担っているといえる。そのような人びとの認識の変化からか、歴史的なものやその価値を活かしたまちづくりについて調べる人が増えてきている。

堀さんご自身は、城下町としての鶴岡をより大きな視点から捉えるために、同じ東北の城下町である弘前について勉強されている。堀さんが弘前に関心をもったきっかけは、昭和三〇年代に土木課都市計画係に在籍していたとき、鶴岡の「類似都市」に挙げられていたなかに弘前を見つけたことにある。以来、「鶴岡を知るには弘前を知ることが必要なのではないか」と考えて、これまでに弘前を何度も訪れて、図書館や古書店で多くの資料を集めた。

鶴岡と弘前は、藩の成り立ちこそ違うけれども、どこか閉鎖的な雰囲気などは共通しているように堀さんは感じている。しかし二つの都市を比べてみると、弘前にはどこか開明的なところもあるという。堀さんによると、台風がくるとりんごの実は落ちてしまうから、弘前のりんご園では人を集めて一夜のうちにりんごをもぎ取ってしまう。一方、鶴岡を含む庄内地方は米作一辺倒で、りんごよりは多少安定している。そのような違いもあって、鶴岡は相対的に保守的なところなのではないかと考えている。こうした見方は、弘前で暮らしている私たちにとっても、とても新鮮なものだった。このように、鶴岡を内からだけでなく外からの視点でも見つめられるのは、それだけ真摯に城下町鶴岡の歴史について研究してこられた堀さんだからこそである。

大宝館２階からの眺め

七　変わりゆく時代のなかで次世代に残したいもの

堀さんは鶴岡に移り住んだ子どものころを出発点に、図書館の職員として、さらには郷土史研究者として、街の変化を見つめてきた。そのなかでもこれは残してほしいと願っているものがあるという。

江戸時代に武士の住宅であった安倍家がある。かつては市内に多くあった武士の住宅も、現在は数軒を残すのみとなっている。だからこそ、今あるうちに保存に向けた取り組みが必要だと考えている。町家についていえば、明治時代の鶴岡ホテルをぜひ残したいと思っている。それから上肴町の鯉川酒造（鶴岡工場）も価値ある建物である。

1929（昭和４）年完成の鶴岡水力電気株式会社（のちの東北電力）のビル（右奥）（戦前期絵葉書）

ぜひ残してほしかったが、残念ながら失われてしまったのが、現在の本町（かつての一日市町）にあった東北電力のコンクリート造りの建物である。この建物は鶴岡の近代を物語る存在であった。戦後間もなく進駐軍に接収され、建物の前でフットボールを楽しむアメリカ兵の姿が子どものころの思い出としてあるそうだ。様式としても、用途としても歴史的価値のある建物だったが、残念ながら解体されてしまって今はない。

このようなお話をうかがいながら、生まれこそ他所でありながらも鶴岡にしっかりと根ざしている堀さんはまさに鶴岡人であることを実感した。同時に、街並みが変わっても鶴岡の地域性、特徴といったものが人びとの意識のなかに生き続けていることを強く感じた。

八　変わらずそこにあり続ける意味

江戸時代、鶴岡の城は鶴ヶ岡城という名であった。戊辰戦争に敗れてから、鶴ヶ岡城は荒れ果てたままになっていたが、一八七五（明治八）年に建物は取り除かれてしまう。そのため、鶴岡公園にはお城の建物は全く残っていないが、かつてのお城に代わって大宝館が鶴岡を象徴する建物になっている。そして、旧西田川郡役所や旧鶴岡警察署の建物が場所を移し、周辺の景観が変わっ

濠に映る大宝館

その姿と風景は100年のときを経ても変わらない
（1915（大正４）年絵葉書）★

ていくなかでも、大宝館だけは変わらずこの場所にある。大宝館は近代のこの街の移り変わりを見つめてきた建物であり、同時に鶴岡の人びとにとって当然のようにそこにあり続ける存在である。鶴岡市民にとってのシンボルである大宝館は、市内のマンホールの蓋をはじめとして、街なかで見かける様々なデザインに用いられている。

鶴岡を訪れた私たちにとっても、公園の濃緑と青空のなかにたたずむ大宝館は、濠に映った姿も含めて、風景丸ごとが美しいと感じられるものであった。桜の季節や雪化粧をした大宝館も見事なことだろう。それは創建当時からの眺めであったようだ。一九一九（大正八）年発行の『新撰 荘内案内』には、大宝館について、「館は最景勝の地を占め四時眺望に富み陽春桜花の際特に佳なり」と記されている。それは今も変わらない。堀さんも「鶴岡から外に出た人でもこの風景は忘れないだろう」とおっしゃっていた。この景観は、これまでもこれからも鶴岡の人びとの心のよりどころであり続けるだろう。

大宝館がデザインされたマンホールのふた

参考文献

・大瀬欽哉『鶴岡百年のあゆみ――続・城下町鶴岡』鶴岡郷土史同好会、一九七三年。
・大瀬欽哉・斎藤正一・佐藤誠朗編『鶴岡市史 中巻』鶴岡市役所、一九七五年。
・大瀬欽哉・斎藤正一・佐藤誠朗編『鶴岡市史 下巻』鶴岡市役所、一九七五年。

・春日儀夫編『目で見る内川風土記』エビスヤ書店、一九九三年。
・平野成継編『新撰　荘内案内』鶴岡書籍商組合事務所、一九一九年。
・堀浩一郎・関治夫編『大宝館展示人物集 鶴岡が生んだ人びと』鶴岡市教育委員会、一九九二年。
・鶴岡市教育会『郷土読本』鶴岡市、一九四一年（国立国会図書館デジタルコレクション　http://dl.ndl.go.jp/info:ndljp/pid/1055554）。
・山形県庁『皇太子殿下山形縣行啓録』山形県庁、一九二六年（国立国会図書館デジタルコレクション　http://dl.ndl.go.jp/info:ndljp/pid/922795）。
・「大宝館」山形県鶴岡市観光連盟ホームページ（https://www.tsuruokakanko.com/cate/p0008.html）。
・大宝館ＷＥＢサイト（致道博物館ホームページ）（http://www.chido.jp/taihokan/index.html）。

（二〇一六年調査）

第二章　心交をつなげて

―旧武家屋敷菅家―

一　「徳の交わり」の縁を残す

一八七一（明治四）年四月、旧庄内藩中老の菅実秀《すげさねひで》（臥牛翁）は西郷隆盛（南洲翁）と初めて出会う。そこから始まった「心交」は、一九六九（昭和四四）年一一月七日に鹿児島市と鶴岡市が兄弟都市となる縁を生んだ。最初の出会いから一五〇年近くが経った今でも二つの都市の「心交」は続いている。この菅実秀と西郷隆盛の「徳の交わり」にゆかりのある建物が、「旧武家屋敷菅家」である。

閑静な住宅地のなかにたたずむこの建物は、周囲に残る黒板塀との調和が印象的だ。一七二四（享保九）年以前に建設されたとされる、歴史ある貴重な建物であり、床の間造り、書院造りといった武家屋敷の様式がそのままの形で残されている。美しい庭園も一九六四（昭和三九）年の新潟地震の被害にあったものの、旧武家屋敷と同様に往時の姿で維持されており、四月～一一月の月・火・金曜日の午前一〇時～午後三時の期間に公開され、見学することができる。

この「徳の交わり」との関わりの深い旧武家屋敷菅家には、どのような歴史があり、どのような思いから「心交」が結ばれ、それはいかにして現在まで受け継がれてきたのだろうか。

旧武家屋敷菅家の所有者である菅秀二さんは、菅家第一三代目の当主であり、七〇年近くにわたってこの建物で暮らしてこ

旧武家屋敷菅家　黒板塀と門

られた方である。

二　一五〇年近くの徳を伝えて

菅実秀が西郷隆盛と初めて会い、「徳の交わり」が始まった一八七一（明治四）年に旧藩主酒井家から拝領した屋敷が、この旧武家屋敷菅家である。

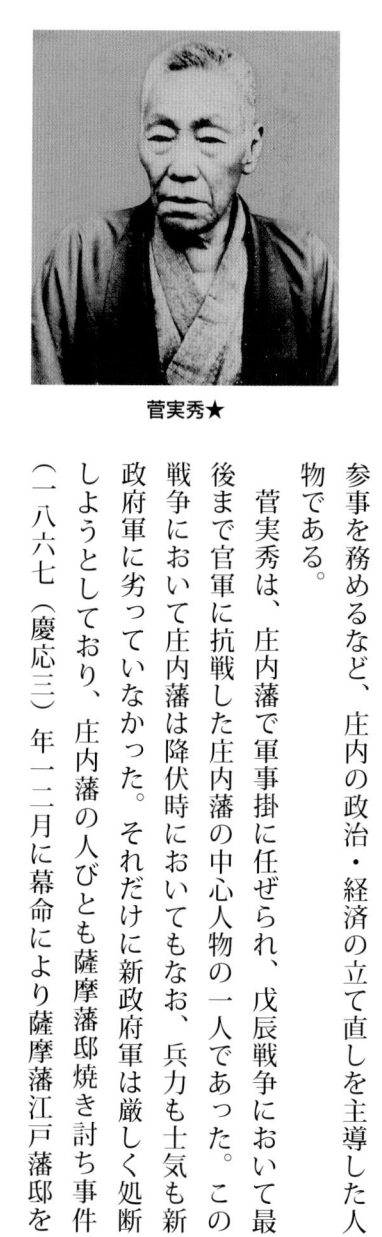

鶴岡市元曲師町《もとまげし》に生まれた菅実秀は、二二歳にして菅家第八代目の家督を継いだ。裕福ではなかったものの、負けずぎらいで気の強い人物であり、庄内藩の要職として藩の政治を指導し、中老にまで出世した（中老になったのは一八六九（明治二）年三月ごろ）。戊辰戦争後には、藩主を守り、盛り立てることを使命とする御家禄派の総師として松ヶ岡の開墾事業や酒田市の山居倉庫、第六十七銀行（荘内銀行の前身のひとつ）の設立など、数々の産業を興し、また第一次酒田県の権大参事を務めるなど、庄内の政治・経済の立て直しを主導した人物である。

菅実秀★

菅実秀は、庄内藩で軍事掛に任ぜられ、戊辰戦争において最後まで官軍に抗戦した庄内藩の中心人物の一人であった。この戦争において庄内藩は降伏時においてもなお、兵力も士気も新政府軍に劣っていなかった。それだけに新政府軍は厳しく処断しようとしており、庄内藩の人びとも薩摩藩邸焼き討ち事件（一八六七（慶応三）年一二月に幕命により薩摩藩江戸藩邸を襲撃した。戊辰戦争につながる流れのひとつとされる）のこともあり、重い処罰を覚悟していた。しかし庄内に入った官軍の参謀、薩摩の黒田清隆の下した処分は非常に寛大なものであり、藩主・酒井忠篤《ただずみ》公を大名として丁重に扱った。新政府軍は一八六八（明治元）年九月に鶴ヶ岡城内に進軍、城の明け渡しが行われたが、武器の没収の際には黒田の命令により、武士の魂である大小の刀を庄内藩士から奪うことはせず、庄内の人びとは薩摩人に尊敬を覚えたという。とはいえ、庄内藩に下された処分のひとつである藩の転封命令は、三千人もの家臣とその一族が暮らしていくには厳しいもので、領民の一揆さえ起きかねないものであった。そこで立ち上がったのが菅実秀である。

一八六九（明治二）年、転封命令の阻止のために上京した菅実秀は黒田清隆に会い、そこで寛大な処分は西郷隆盛（以下南洲翁）の指示によるものであることを知った。一八七〇（明治三）年八月、酒井忠篤公は鹿児島に使者を遣わし、今後の親交を懇請し、同年一一月には藩主忠篤公はじめ七〇名の藩士が、鹿児島を訪問して南洲翁の教えを受けることになる。一八七一（明治四）年三月に南洲翁が常備兵四大隊を率いて上京し、四月に菅実秀は初めて南洲翁に会うこととなった。

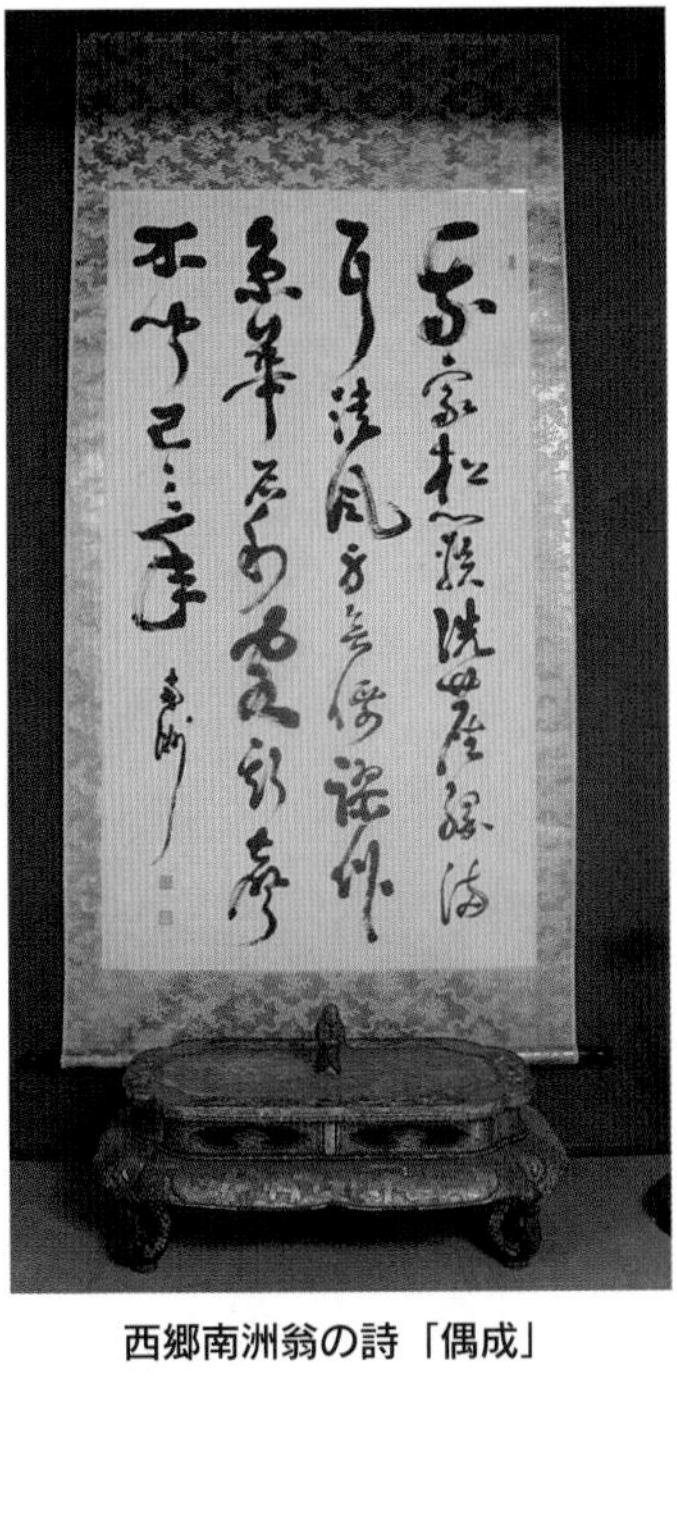
西郷南洲翁の詩「偶成」

庄内の赤沢経言（源也）という人が遺

した書物である『臥牛先生行状』には、「一見して、果たして此の人なり。交情、日々に厚く、夫子（実秀）の翁（西郷）を敬すること兄の如く、翁の夫子を親むこと弟の如し」と当時の様子が描かれている。それは鹿児島市武の西郷屋敷跡にある、南洲翁と菅実秀が対話している銅像にも表れている。これと同じ銅像は、酒田市にある南洲神社にもあり、ミニチュアは菅家にも保管されている。

「徳の交わり」の銅像のミニチュア

一八七五（明治八）年五月、菅実秀は七名の旧藩士とともに鹿児島に南洲翁を訪ねている。二〇日あまりの訪問で、二人の「徳の交わり」はますます深まったとされている。このとき南洲翁は、菅実秀との別れを惜しみ、「送菅先生」の自作の詩を書いて贈っている。その詩は掛け軸に表装されて現在も菅家の床の間に飾られている。

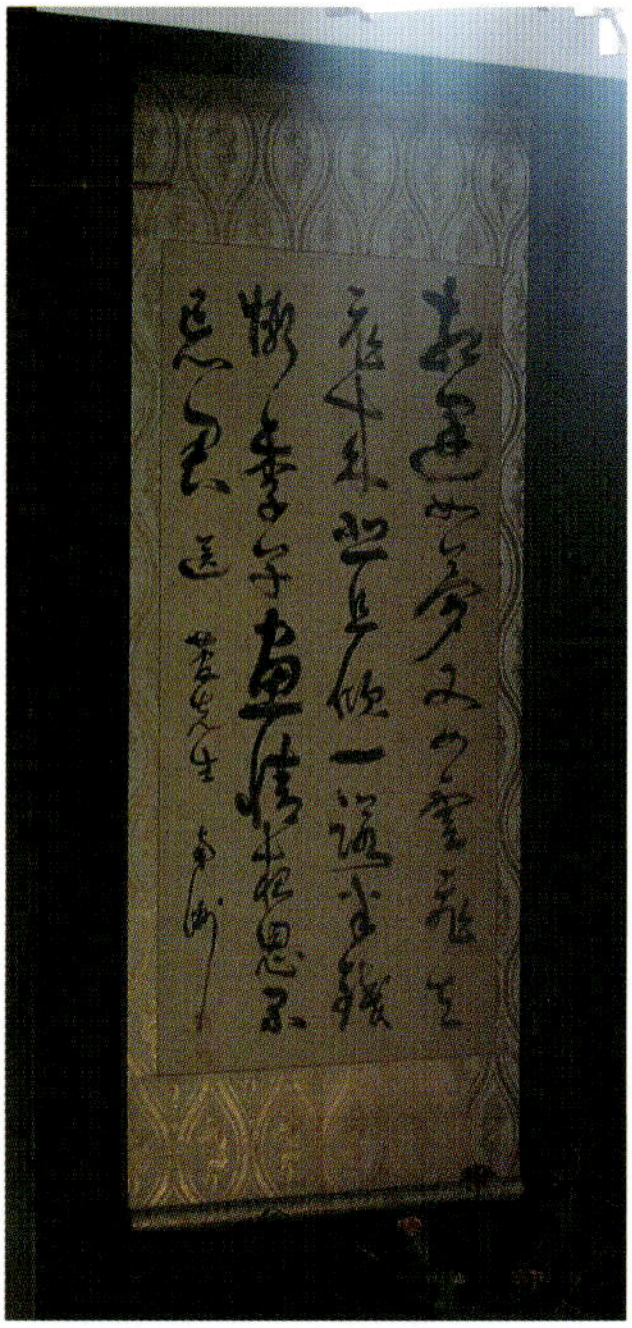
西郷南洲翁による「送菅先生」の詩

一八七七（明治一〇）年一月、西南戦争が勃発する。南洲翁を支援すべく参戦しようという旧庄内藩士たちを前に、菅実秀はこの戦いが南洲翁の真意によるものではないと見抜き、軽挙を戒めた。

菅さんによれば、そのときの訓戒の言は次のようなものであったという。

今回の薩摩の挙兵は西郷先生の真意からのものであれば必ずや自分に連絡ある筈である。しかるに一片の書信もないところからして先生の真意から出たものではなく、情義のため薩摩人に一身を投げ出したものと考えられる。先生の真意を後世に伝え、先生の遺志を継ぐことに生命を捧げようではないか。

そして菅実秀は南洲翁のことを忘れることはなく、その戦没の報に接したときには、数百日間喪に服したという。

一八八九（明治二二）年二月に南洲翁の賊名が解かれると、菅実秀は南洲翁の精神を広く伝えるべく動き出す。南洲翁に親しく接して訓《おしえ》を受けた庄内の有志たちから、感銘を受けた一語一語を集録した『南洲翁遺訓』の編集に取りかかり、翌一八九〇（明治二三）年四月に出版。そして旧藩士六名を中心に、もてるだけの本をもたせ、東京・関東・中国・九州・北陸・北海道に派遣した。『南洲翁遺訓』の頒布によって、その思想は全国津々浦々にまで広がっていくこととなった。もし『南洲翁遺訓』がなかったら、現在の西郷隆盛像も違ったものになっていたかもしれない。

菅実秀と南洲翁が「徳の交わり」を誓ってから一五〇年近い年月が経ち、旧武家屋敷菅家は現在、一三代目の菅さんに受け継がれている。菅さんは、この家に生まれ、大学生時代を除いてずっとこのお屋敷で暮らしてこられた。そして今日まで、お仕事のかたわら、お屋敷と庭園の保存に尽力されている。長きにわたって建物とお庭とともに過ごされてきたことから生まれる様々な思いとともに、ここで生きた人びとについてのお話をお聞かせいただいた。

三　旧武家屋敷の由来

旧武家屋敷菅家の由来は、一九七九（昭和五四）年に屋根を茅屋根から瓦屋根に変更する工事の際に見つかった棟札によって明らかになった。棟札には次のような内容が書かれていた。

安藤半左衛門の揚屋敷を享保九（一七二四）年二月一八日六代目加藤仙右衛門正継が拝領し天保一〇（一八三九）年一〇代目加藤元右衛門正與が建て直し

一八二三（文政六）年ごろのものとされる「鶴岡城下絵図」には、現在の旧武家屋敷菅家の場所に「加藤」の文字を読み取ることができる。

それまで茅葺き屋根で曲がり家であった旧武家屋敷菅家では、茅が手に入らなくなり、また葺き師もいなくなったため、瓦屋根に変更することとなっ

棟札の写真
（菅秀二さん提供）

板目の美しい天井

た。菅さんが懇意にしている大工さんと初めて天井裏に登ったときに、重要な柱の上に魔除けの大きな弓と色の塗られた矢があり、その上に安置された棟札を見つけた。天井裏には、忍者除けの栗のイガが一面に撒かれていて、簡単に歩けなかった。武家屋敷ならではの厳重な守りの様子が窺える。

この棟札は、旧武家屋敷菅家の由来を示す最古の資料であるが、それ以後については、菅さんがまとめられた資料によると次のような経過をたどった。

加藤元右衛門が屋敷を建て直した後、身分不相応ということで外に移転させられ、建物は酒井藩主の御用屋敷となった。庄内藩第一三代藩主酒井忠篤公、第一四代藩主忠宝《ただみち》公、のちの海軍少将忠利公たちはこの屋敷で育った。

そして一八七一（明治四）年一一月、当時四二歳で酒田県権大参事であった菅実秀が、旧藩主酒井家よりこの屋敷を拝領した。生家の元曲師町から現在の鶴岡工業高等学校向かい側の鷹匠町に移り住んだが、そこからさらに転居する形で現在の場所へと移った。このとき小さな社のあったところに天神様を祀った。これが菅公廟《かんこうびょう》である。

一九五〇（昭和二五）年に裏庭にあった茶室と、石仏、擬宝珠を致道博物館に移築した。一九七九（昭和五四）年四月には、先述のように茅不足、葺き師不足により茅屋根を瓦に変え、それにともない、瓦の重さに耐えられるように土台石をコンクリートで補強し、結果的に床が三〇㎝ほど上がっている。庭に面した建物はそのまま保存したが、他は一部隠居部屋を茶の間として残して解体し新築している。

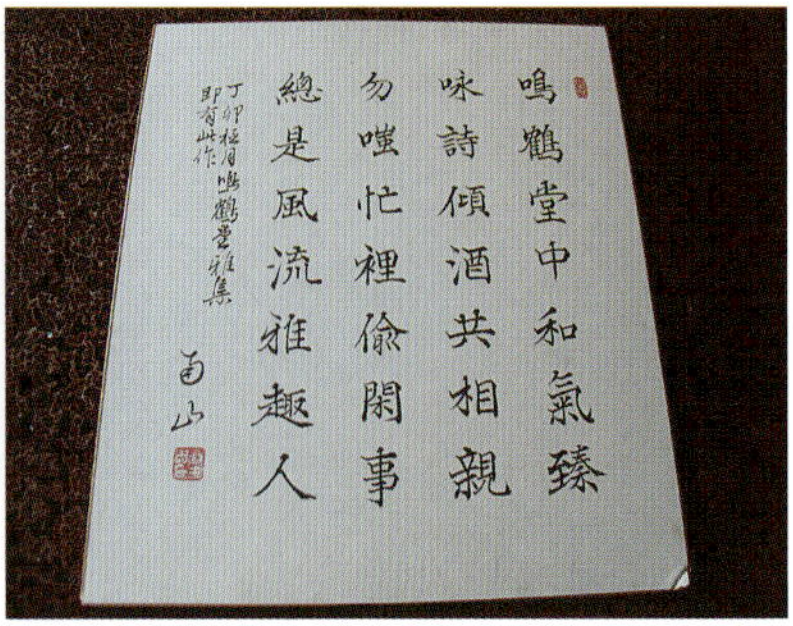

「鳴鶴堂」の扁額と漢詩
酒井忠治（南山）の筆による

黒崎研堂最晩年の書

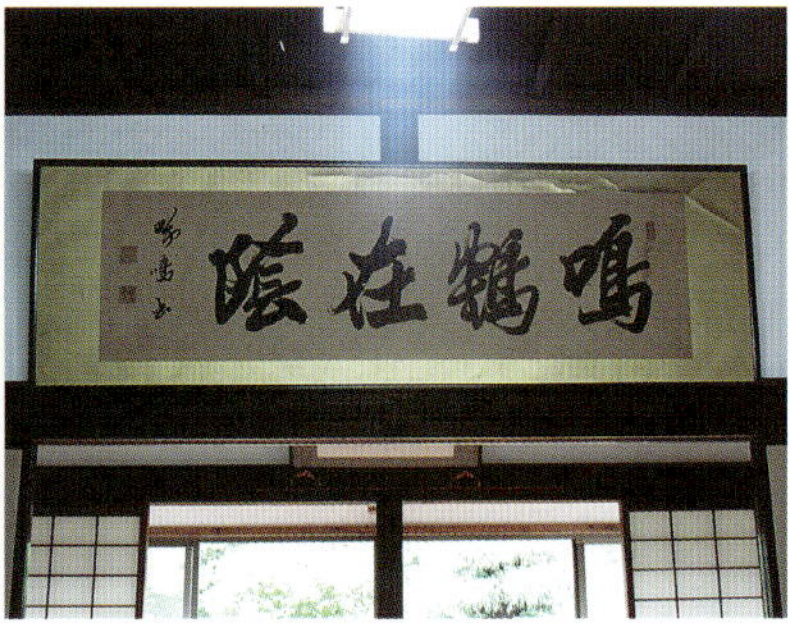

「鳴鶴在陰」（『易経』の一節）の扁額
酒井忠篤（呦鳴）公が菅実秀
70歳のお祝いに贈ったもの

黒崎研堂による「帰去来の辞」が刻まれた戸棚

このように時代と時間の経過に合わせて改修・改築が行われているが、武家屋敷としての風格や趣はまったく損なわれてはいない。屋根などは当時のままに維持するのは困難であったとのことだが、意匠を凝らした各部屋の釘隠しや刀掛けといった箇所には、往時の雰囲気が残っている。槍の間という、槍を掛ける場所が残された部屋も今日まで姿を保っている。

飾られた槍が武家屋敷の厳粛さを今に伝える槍の間

お座敷は書院造りで、床の間には南洲翁の詩の掛け軸が掛けられている。全体的にきりりとした印象を受ける床の間である。このお座敷は、人が集まって過ごした場所であった。ここではたびたび短歌会やお茶会が催され、人びとは優雅なひとときをともにした。そして至るところに掲げられた扁額は、酒井忠篤公や、黒崎研堂、酒井忠治といった鶴岡を代表する書家によるものである。

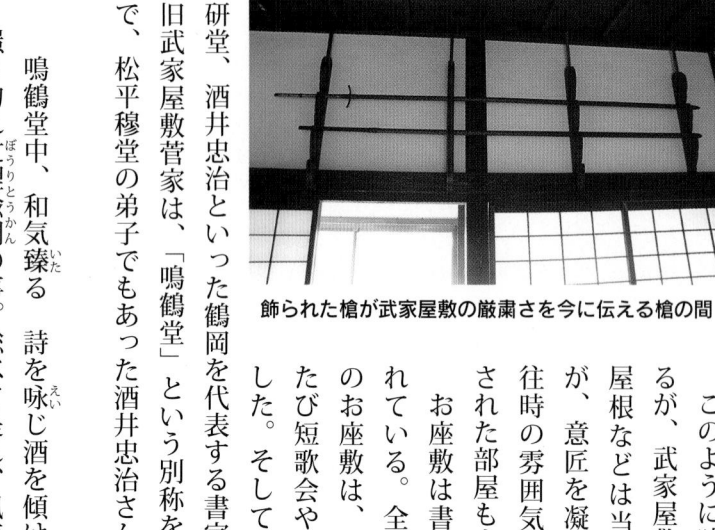

旧武家屋敷菅家は、「鳴鶴堂」という別称をもっている。酒井家十六代当主である忠良さんの次男で、松平穆堂の弟子でもあった酒井忠治さんが、「鳴鶴堂」を詠んだ漢詩が伝わっている。

鳴鶴堂中、和気臻《いた》る　詩を咏《えい》じ酒を傾けて、共に相親しむ。
嗤う勿れ忙裡《ぼうり》偸閑《とうかん》の事。総べて是れ、風流雅趣の人この場所で過ごす楽しいひとときの様子が伝わってくるようである。

細部の造りにも工夫が見られる。たとえばお座敷に隣接した流しの戸の下には、滑車の付いた仕掛けが施されており、驚くほどスムースに開閉する。江戸時代の有田焼で作られた便器なども とても珍しい。さすがに現在は使われてはいないが、大工さんからもったいないといわれ、そのまま取っておいてある。

住宅としての住み心地は、南北に窓が開かれ、天井が高く縁の下も高く造られているため、風通しが大変よく、夏も涼しいとのことだ。現在は日常生活の場は隣接する建物のほうに移されており、お座敷の部分は大切なお客さんを迎えるための空間となっている。

お座敷の書院造り（(左）床の間と（右）床脇）

滑車の付いた引き戸

江戸時代の有田焼の便器

四　庭園の彩り

菅家庭園は、四月中旬はしだれ桜、五月中旬は白つつじ、六月初旬は色つつじ、一一月中旬は紅葉・敷松葉というように、四季折々の花で彩られる。庭園は、一八七一（明治四）年に菅実秀が藩主酒井家から武家屋敷とともに拝領した際に一部作り直されており、それ以前まではどのような庭であったかははっきりとはわからない。庭師は京都から呼び、郊外の湯田川温泉に寝泊まりしてもらいながら庭作りをしてもらったといわれている。小さな社のあったところに天神様を奉った菅公廟が作られたのもこのときのことである。

（上）菅公廟と（下）扁額
扁額は酒井忠篤公の揮毫によるもの

一八七七（明治一〇）年には、総穏寺（鍛治町）から大石灯籠、踏み石を運び、また酒井家の先封地三河の国から、松、つつじ、菖蒲、孟宗竹などを移植し、庭園の整備が図られた。一九〇二（明治三五）年五月には、菅原道真の千年祭を記念して、天神様の社（菅公廟）を改築、菅家の由来を刻んだ「菅公千年祭碑」を庭園に設置した。菅家は菅原道真の九番目の子どもの子孫として伝わる。この碑は、『臥牛先生行状』の著者の赤沢経言（源也）が原文を書き、揮毫は酒井忠篤公、そして菅実秀と菅瀧三が建立したものである。

菅公千年祭碑

園内は池泉の周囲を回遊できる回遊式になっており、樹齢三八〇年の大きな老松やしだれ桜がある。花の時期にはさぞかし見事だろう。周囲には家が建ち並んだこともあり、かつてのように金峯山、母狩山の借景は見えなくなったが、江戸時代中期の作庭様式が今日までそのまま残されている貴重な庭園である。屋敷から見て手前には赤や紫のサツキ、奥には白つつじという造りにされており、バランスのよい美しい彩りを楽しむことができるとのことだ。秋には紅葉も眺めることができるが、庭園の主役はあくまでも緑であり、桜であり、それから松とつつじをメインとした造りとなっている。

大きなしだれ桜の木

私たちがうかがった日は、蝉がよく鳴いていた。豊かな緑のなかでは、蝉も暮らしやすいのだろう。まさに「蝉しぐれ」の世界である。蝉は、訪問者があると鳴き止むのだそうで、菅さんはそれを合図に来客を知る。

これだけの規模の庭園を維持するのは容易ではなかったと思われる。実際、戦中戦後の物資の乏しい時代には、一時期荒れてしまったこともあった。しかし再び修復され、今日まで美しい姿を維持している。年に二、三回は専門の庭師に頼んで整備してもらっている。

時間の経過とともに、樹木は大きくなり、緑が石を覆うようになった。本来日本庭園は石を見せるもので、成長した樹木は小さくしてしまうのだが、菅家庭園の緑は重ねてきた歴史をそのままに伝えているように感じられる。とくに大きな松の木などは、この

灯籠

池泉回遊式の庭園

樹齢380年の老松　奥に菅公廟がある

庭園の手水場

屋敷を建てた人、酒井家のお殿様、菅実秀といった歴代の人びとが日々眺めてきたものであり、時間を超えて私たちもその風景を眺めることができる。

周辺の環境の変化や災害に影響を受けた部分もある。一九六四（昭和三九）年の新潟地震のときには、灯籠が頭のほうからどん、と倒れてしまった。菅さんは当時東京で学生生活を送っておられた時期で、その様子をご両親から聞いた。

また池を有する庭園のため、水は欠かせない。戦後、周辺の道路工事によって池に水が入らなくなり、代わりに井戸水を使うようになった。だが、その井戸水も枯れてしまった。家の周りを二〇数か所も掘ってみたが、出るのは茶色い質の悪い水であったため、水道水を用いている。庭園の維持にあたってはそうした負担も大きいことだろう。

菅家庭園は、二〇〇〇（平成一二）年から公開を始めた。当時の鶴岡市長、市の観光協会、荘内神社の宮司といった人びとからの要請や推薦を受けて始めることとなった。現在はインターネットにも情報が掲載されており、お客さんは年間五〇〇人程度、大抵は予約をしてやってくる。ただし見学客が増えると苔が踏まれてしまい、ときには花がむしられてしまうこともあるなど、自然環境の保全が困難になる。そうした理由もあって、団体での見学はお断りしている。美しい庭園の維持は、様々なご苦労のなかでなされている。

五　庭園の思い出

歴史的・文化的価値の高い旧武家屋敷菅家庭園であるが、菅さんにとっては楽しい思い出が詰まった場所でもある。

菅さんが子どものころには、近所の子どもたちが集まって、池でザリガニやフナを釣って、自由自在に遊んでいたのだそうだ。昔は隣の家との境や塀というものがなく、裏側の畑などは全部続いていた。庭一面が遊び場で、チャンバラごっこやかくれんぼをした。何しろ緑が豊かで、大きな石や木もある広い庭園である。木の上に登ったりと、隠れる場所がいくらでもあった。そのために鬼になった子どもはいつまで経っても見つけられず、泣いて帰っていったこともあった。昔は木から落ちて怪我をしてもうるさくいうような人はいなかったし、池に落ちて多少の怪我をしても問題にならなかった。

お座敷から見た庭園の様子

現在の閑静で美しい庭園の様子からは想像がつかない、当時のにぎやかで楽しい遊びの様子は、この旧武家屋敷菅家庭園で生まれ育った菅さんならではの、素敵な思い出である。

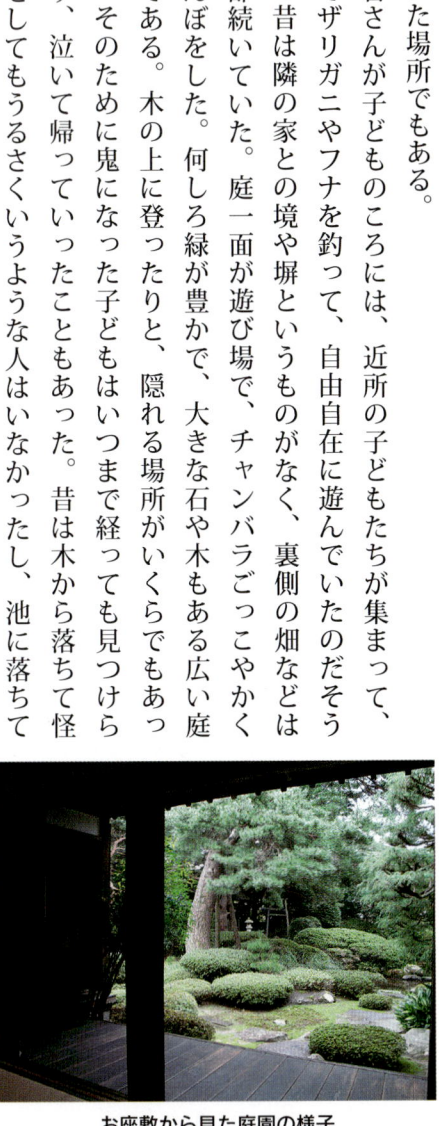

六　新たな「心交」

一九八一（昭和五六）年一二月に先代のご当主である菅実苞さんが亡くなられたことを契機として、一九八二（昭和五七）年二月一六日、菅家のご親族を中心として菅家庭園の維持保全に協力することを目的とした菅家庭園保存協力会が結成された。その事業としては花や木の手入れ、雪囲いの

『菅家庭園保存協力会 30年の歩み』
（菅秀二さん提供）

設置や撤去、催事として短歌の会や花遊び布遊びを開催したりと、多岐にわたる活動を行っている。

菅さんが事務局として編集された『菅家庭園保存協力会 三〇年の歩み』（二〇一一（平成二三）年刊行）という冊子には、毎年の細かい活動内容や庭園の様子が記されている。二〇〇〇（平成一二）年に庭園が公開される以前から、このような形で保存への取り組みがなされていた。鶴岡市では、鶴岡カトリック教会もそうであるように、民間での建物や庭園保存の取り組みがなされてきた。その秘訣を菅さんは、リーダーシップを取る人がいるかいないかだ、とおっしゃっていた。菅家庭園の場合には、菅家をはじめとしてリーダーを中心にまとまりをもって保存をするための努力がなされてきたからこそ、こうして現在までその姿を伝えることができているのだろう。

不思議なことに、これだけの歴史や文化、そして規模をもつ旧武家屋敷菅家庭園は、国や自治体からの文化財としての指定や登録を受けていない。その理由のひとつに、茅葺き屋根を改修していることがある。また、個人で所有している建物や庭園については、公的な補助が受けにくい環境もある。ならば法人化すればよい、ということになるが、話はそう簡単にはいかない。文化財としてあるためには、オリジナルな形を保つことが条件となるため、時代や暮らしに合わせて改変されたところがどうしてもネックになってしまう。往時の趣が少しも失われていないことを考えると、文化財として保護されることと生活の場として使い続けることの両立の難しさを感じずにはいられない。

したがって、旧武家屋敷菅家庭園は、現在のところ菅家と菅家庭園保存協力会の自助努力によって保たれている。すでに発足当初の会員の方のなかには亡くなられた方も少なくない。少しずつ世代交代も進んでいる。世代を超えて、このお屋敷と庭園を何とか維持していこう、と活動している人びともまた、菅家を通して、新たな「心交」を結んでいるのかもしれない。

七　歴史を引き継ぐ

菅秀二さんにお話をうかがう

「我が家の大きな課題を仮に挙げるとすれば、これからの維持・保存ですよ」と、菅さんはおっしゃっていた。そのことばには、大きな歴史と文化をご先祖から受け継ぎ、守ってこられた方ならではの重みがあった。

菅さんは子どものころから、菅家の跡取りとして、大学を卒業したら鶴岡に帰ってきて、家を継ぐようにといわれて育った。長男とはそういうもので、次男三男は東京のほうに出ていく。そうした文化や慣行が強かった時代である。だからこそ家が続き、ある意味で過疎化の流れに抗することができた。そして鶴岡という街で堅実に、着実に生きてきた。

鶴岡には「庄内論語」の素読という独特の教育文化が根付いているが、菅さんも小学校六年生まで、致道博物館の御隠殿で正座をしながら読んでいた。少年会という組織があり、合宿なども行って学ぶ機会があった。単に論語について学習するだけでなく、先輩後輩の関係についても学んだ。そこでできたつながりは、後々まで続いていった。こうしたところにも鶴岡の歴史や文化が受け継がれる理由があるのかもしれない。

戦後の復興から高度経済成長を経て、戦後五〇年を超えたところで経済的な面で落ち着き、社会は安定してきた。それまではとにかく高度経済成長の波に乗り遅れないようにと必死だった。ようやく落ち着きのある時代を迎えたからこそ、今度はもう少し地元のことを、歴史・文化を含めて学び、もう一度みんなで地元を見直してみようという活動が必要だと菅さんはおっしゃっていた。

菅節子さん（左）に布で作った
庄内野菜を見せていただく

私たちが菅さんのお話をうかがっているとき、お屋敷の別のお部屋では、菅さんの奥様の節子さんがお仲間と一緒に布を使った庄内野菜を作っておられた。月山筍にバンケ（ふきのとうのつぼみ）、カラトリイモに平田赤ネギ。普段見たことがないような珍しい野菜がとてもかわいらしく作られていた。こうした布小物を通して庄内独特の食文化を伝えようとされている。

また、節子さんはこちらで小原流生け花教室「菅秀苞社中」を主宰されている。お屋敷を会場に展示会を開催したこともあるとのことで、お座敷や庭園とマッチした、素敵な会だったことだろう。

菅さんご夫妻のお話をうかがっていると、旧武家屋敷菅家庭園は、単に昔からのお屋敷とお庭を残しているだけではないことに気づく。建物と庭園を舞台に、鶴岡の歴史や文化が語り継がれ、育まれている場所になっていることを実感する。

旧武家屋敷菅家は、広く語り継がれてきた、菅実秀と西郷南洲翁の「徳の交わり」に縁があり、鹿児島市と鶴岡市を結ぶ縁をも作りだした深い「心交」の場所である。この場所と「心交」を今後どのように受け継いでいくのか。「心交」の大切さを知る人は現代においても多くいる。しかしこれからの「心交」は、これまでとは違う形になっていく必要があるだろう。そして心と心がどのように結びつき、いかなる力となって動いていくのか。「心交」をつないでいくことは、私たちも含めたこれからの世代にとっての課題でもある。

参考文献

・大瀬欽哉『城下町鶴岡』鶴岡市教育研修所社会科同好会、一九五七年。
・大瀬欽哉『鶴岡百年のあゆみ——続・城下町鶴岡』鶴岡郷土史同好会、一九七三年。
・大瀬欽哉編『新編　庄内人名辞典』庄内人名辞典刊行会、一九八六年。

・倉秀人『徳の交わり――西郷隆盛と菅実秀 魂のふれあい』NPO・ふるさと日本プロジェクト、二〇一四年。
・工藤謙次郎『鶴岡城下絵図（文政六癸未年頃）』阿部久書店、一九七二年。
・菅秀二「菅家庭園及び屋敷の由来について」私家版資料、一九九四年。
・菅秀二『菅家庭園保存協力会――三〇年の歩み』菅家庭園保存協力会、二〇一一年。
・高橋まゆみ「武家屋敷　菅家の庭園を訪ねて」『月刊 SPOON』二〇〇三年九月号、二〇〇三年（http://www.spoonnet.jp/backnumber/teientanbou/teien0309.html）。
・「旧武家屋敷　菅家庭園」菅家庭園保存協力会（見学者用パンフレット）。
・「生け花と布小物を展示」『荘内日報』二〇一五年七月七日付（http://www.shonai-nippo.co.jp/cgi/ad/day.cgi?p=2015:07:07）。

（二〇一六年調査）

第三章　旧藩士の精神をつむぎ続ける
―羽前絹練株式会社―

一　創業一一〇年の威厳

鶴岡市の中心部に位置する鶴岡公園。山形県随一の桜の名所として知られ、毎年多くの観光客が桜を見るために足を運んでいる。その西側には、青龍寺川《しょうりゅうじ》という川が流れており、かつての鶴ヶ岡城のお濠の水もこの青龍寺川から引かれたものである。その良質な水は鶴岡の産業や生活の基盤として市民を支え続けている。

この青龍寺川のすぐ脇に、厳格な雰囲気をかもし出す門構えの敷地がある。一見すると名家の豪邸かとも思えるこの場所が「羽前絹練《けんれん》株式会社」である。敷地面積は五〇mプール約八個分の広さ（約一万㎡）で、事務所と工場が立地する。

この場所にはかつては鶴ヶ岡城の塩硝（火薬）蔵が建っていた。ここは鶴ヶ岡城の西三の丸の土塁であり、お城の一番西側に位置する。

創業は一九〇六（明治三九）年、鶴岡で最初の織物整理精練会社として操業を

桜の時期の鶴岡公園（戦前期ごろ絵葉書）

塩硝蔵跡であったことを示す標柱と案内板

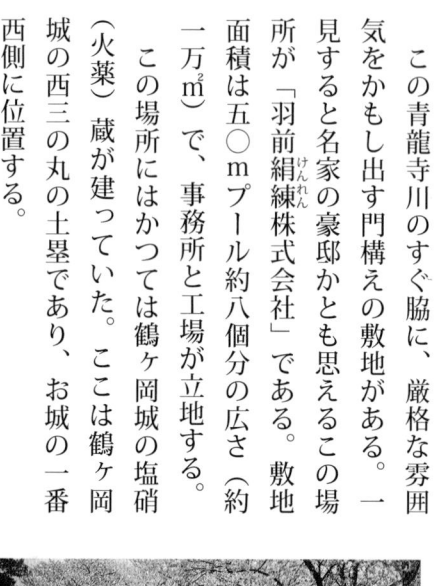

開始した。初代の専務取締役社長の平田米吉は、平田式織機を考案するなど、鶴岡を「織物のまち」に発展させた人物として知られる。

一九〇〇年前後の明治三〇年代には、鶴岡では絹織物業が大きく発展し、輸出向けの羽二重の生産がピークを迎える。羽前絹練は、そうした時代に創設された。そして「羽前羽二重精練」といわれる精練加工技術をもとに鶴岡絹織物産地の中核企業となっていった。戦時下の一九四二（昭和一七）年に、非常時国策として業務を山形県織物整理精練有限会社に譲渡し、羽前絹練株式会社としては操業停止状態になるものの、戦後一九五一（昭和二六）年五月に復活し、二〇一六（平成二八）年に創業一一〇年を迎えた。

同じ場所で長年シルクに携わってきた強みを生かした加工技術は、シルクの気品ある光沢と滑らかな風合いを生み出し、現在その加工高と生産量は日本一を誇る。

羽前絹練株式会社には、歴史と伝統を大切に守りながら、新たな挑戦をしている人びとがいる。第一三代目の代表取締役を務める阿部純次さん、入社して三〇年のキャリアをもち、父と親子二代にわたって会社を支えてこられた工場長の冨樫進さんは、そうした会社を代表する方々である。ともに生まれも育ちも鶴岡という、生粋の鶴岡人である。

二　会社を映す鏡

現在ある建物は、一九三九（昭和一四）年の大火に見舞われてそれまでの建物が焼失し、翌一九四〇（昭和一五）年に再建されたものだ。工場には明治に建てられた建物も一部現存しているが、大半はこのときに建てられたものであるという。焼失前とほぼ変わらない様式で建てられたという建物は、事務所部分が和式、工場部分は洋式の和洋折衷構造になっており、二つの建築様式を併せもった建物である。

工場部分は間口を広くとるためにトラス構造を採用しており、柱の少ない空間は非常に開放的だ。この建物が建てられた当時、日本ではこのような洋式の建築物は数少なかった。そのため工場の造りは群馬の富岡製糸場など、早くからトラス構造を採用していたところへ視察に行き、これらを参考にして建てられたと考えられている。一九三九（昭和一四）年の大火の際、建築当時の図面や資料までもが焼失してしまったため、正確な情報は失われてしまったとのことだが、この建物は先人たちが当時の最新技術を駆使して造った工場であったと考えられる。

工場には新工場と呼ばれる部分がある。他の建物よりも後に造られたことからこのように呼ばれ

和式の事務所部分

トラス構造の工場部分

ているそうだが、他の建物に負けず劣らずの存在感だ。理由は、この建物が木造の他の建物とは異なり、試験的に鉄筋コンクリートを用いて造られた精練工場だからである。

精練は九五度の高温と、ものすごい量の蒸気が立ち込めるなかで行われる作業であり、その熱気は上へ上へと移動していく。木造の場合、高窓を作ることでこの熱気を逃す通り道を確保することが可能であるが、鉄筋コンクリートの場合はこの熱気の通り道がない分、建物のなかにとどまってしまう。その結果結露が生じ、壁からどんどん腐食していってしまうのだ。かつて、どこの街なかでも見られた銭湯でも、立ち込める大量の湯気を逃がすために木造建築が採用されていた。高窓式をとることで空気の逃げ道を確保し、柱の木材からも蒸気を吸収するといった利点を活かした造りが、このような作業を行う空間に適しているのだ。だから木造の建物のほうがかえって耐用年数は長く、明治時代に造られた築一一〇年近い工場の一角も、やはり木造である。鉄筋コンクリート建築との比較を通して、木造建築の強さがわかるのである。

阿部さん、冨樫さんともにこの建物のなかのお気に入りの場所として事務所部分を挙げられた。桟《さん》瓦（平瓦と丸瓦をひとつにまとめた瓦）葺の木造平屋（一部二階）建ての事務所部分は、一階は切妻、二

木造工場の高窓

鉄筋コンクリート造の新工場

階は寄棟造で、正面に切妻の玄関ポーチを構え、周囲の松と調和したその風格は、この土地で伝統産業を守り続けてきた会社の誇りを感じさせる。長い黒板塀の先に見える純和風の事務所は、歴史と技術に誇りをもつ会社の姿を映し出す鏡のように感じられた。

三　世界へ発信する鶴岡シルク

明治時代、日本の絹織物は欧米に向けて盛んに輸出されるようになり、一九〇九（明治四二）年には、日本の生糸生産量は中国（当

旧国立山形輸出絹織物検査所の建物

旧国立山形輸出絹織物検査所のかつての姿
『鶴岡市案内』

黒板塀

切妻造の玄関ポーチ

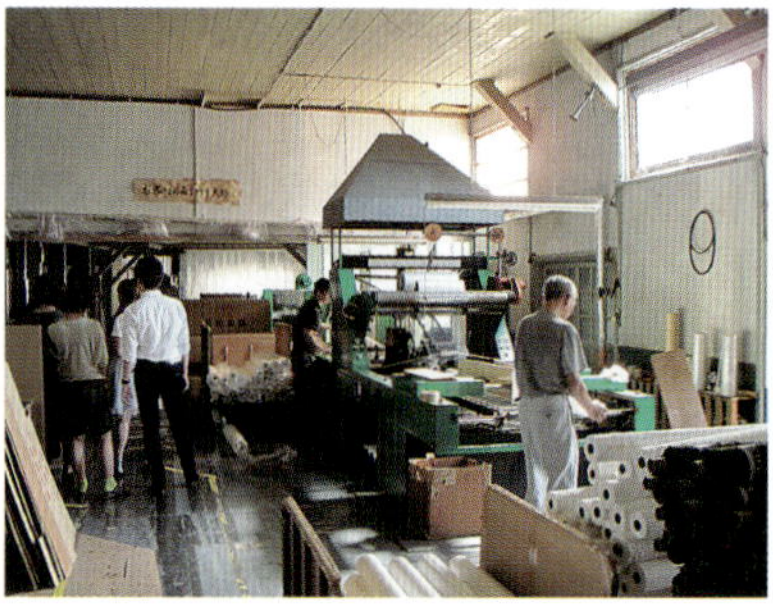

商品検査の様子

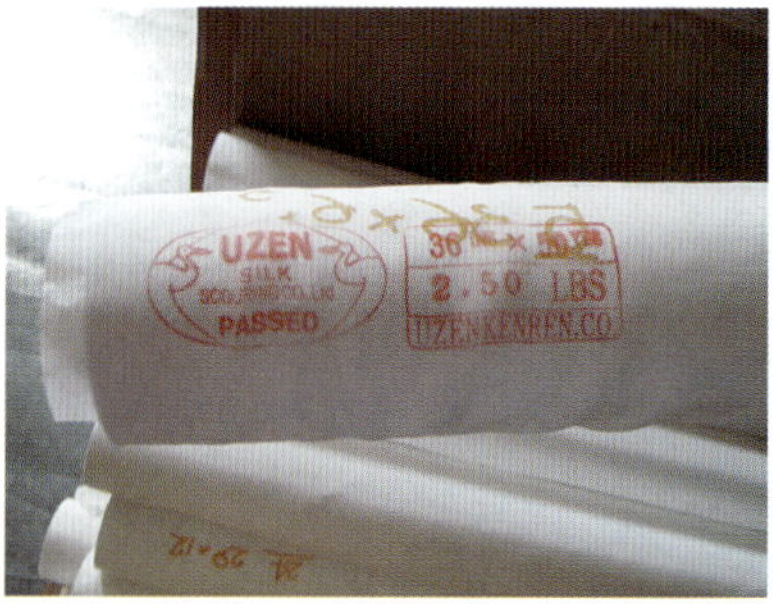

自主検査後に押されるスタンプ

時は清）を上回り、世界最高となった。輸出の中心を占めたのが日本を代表する絹織物である羽二重であり、ここ鶴岡でも羽二重の生産と輸出が盛んに行われていた。生糸は明治、大正時代の日本の主要な外貨獲得源であり、日本の殖産興業を支える一大産業であった。

羽前絹練の建物のすぐ隣には、旧国立山形輸出絹織物検査所の建物がある。かつての日本は絹製品を輸出するためには通商産業省（通産省）が管轄する検査所での許可を受けること、すなわちスタンプを押してもらうことが必要であった。その後規制緩和がなされると、工場の自主検査へと転換したが、国の出先機関が鶴岡にあったということは、いかに大量の絹織物が鶴岡から世界に輸出されていたかを示す証である。

昭和四〇年代に、それまで保護政策を取っていた通産省による保護が解除され、絹産業は大きな危機を迎えたが、そのような状況のなかでもなお日本はスカーフに関しては世界一の発信国であり、世界中に輸出を行っていた。各国の有名なブランド企業やデザイナーの製品が日本で作られていた。羽前絹練の工場ラインにも、私たちでも知っているような、数多くの名だたるブランドのスカーフが流れていたとのことだ。羽前絹練の技術力の高さが感じられるエピソードである。

四　刀を鍬に替えて

　そもそもなぜ鶴岡で絹産業が発展していったのか。歴史を探るとその発端は戊辰戦争で敗れた藩士たちが廃藩置県により職を失ったことに行きあたる。旧藩士たちには、産業を振興することで国家に報いたいという強い思いがあった。当時、明治政府は生糸立国という殖産興業政策を掲げていたため、旧藩士たちは開墾により養蚕業を盛んにすることで士族の生活をつなぎ、同時に藩伝統の報恩、徳義精神の再興を図ったのだ。

　一八七二（明治五）年、松ヶ岡開墾の募集に応じた約三〇〇〇人の旧藩士たちは、起伏の激しい原生林の開墾に着手する。その過酷な労働は病人や負傷者をも生む厳しいものであった。刀を鍬に持ち替えた旧藩士たちは、三一一ヘクタール、東京ドーム約六七個分の荒野をわずか二年で緑あふれる桑畑へと変えていった。ここに日本最北端の絹の産地が生まれたのだ。一八七五（明治八）年からは桑葉を収穫して養蚕を開始し、一八七七（明治一〇）年までに大蚕室一〇棟が建設された。また群馬県から上州式座操器五〇台を取り寄せて、製糸も開始された。このようにして鶴岡における絹産業の基礎ができていった。その後一八八七（明治二〇）年ごろから大地主や商人たちが織物工場を造り、民間で主要産業に押し上げていった。鶴岡は養蚕から製糸、染色、縫製に至るまでの全工程を担う企業・工場が地域内に残る全国唯一の場所だ。旧藩士が桑を育て、生糸をつむぎ、町民がそれを織る、その一体感が鶴岡に絹産業を根付かせたのだ。

冨樫さんに作業工程をご説明いただく

工場内での作業の様子

五　人と地域と密に関わる企業へ

そうして地域に根付いていった絹産業だが、昭和四〇年代以降になると外国産の安価な生糸に押され、国内では厳しい状況が続いた。ヨーロッパやアメリカへの輸出が衰退すると鶴岡では工場を閉鎖する機場《はたば》が相次いだ。ここで鶴岡の絹産業はそれまでの地域内での生産からの方向転換を求められるようになった。

羽前絹練では機場の閉鎖を受け、他の産地から仕事をもらうことで精練を続ける方針へと移行することになる。しかし他の地域の工場と同じような仕事をしているのでは、遠くから仕事をもらってきても個性が発揮できず、収益上のメリットも大きくない。そこで新たに打ち出したのが、広幅の絹織物の精練への転換であった。これが功を奏し、現在は加工高生産量日本一を誇るまでに至っている。

企業としての今後の方針については、現在模索中とのことだった。これまで中核企業として精練、染色などに携わってきたが、「もう少しお客さんに近いところで関わっていけたら」と阿部さんはおっしゃっていた。加工だけではなく製造にも着手することで、さらにお客さんと密に関わる企業への転換を図ることも視野に入れている。

建物の今後については、老朽化による問題をいかに解決していくかが課題となっている。建物自体もかなりの年数が経っているため、その都度補修や補強を行っているとのことだった。

二〇年ほど前には台風によって強風で屋根が飛ばされ、朝に出勤してくると工場の屋根が消えていてびっくりしたこともあった。かつて街に高い建物がなかった時代、ランドマークとして親しまれていた工場の高い煙突も、老朽化による倒壊を懸念して約二分の一の高さのものに取り替えた。古い煙突を撤去する際、煙突が輪切りにされて運ばれて行った姿が記憶に残っている。

六　実用性と伝統の狭間で

建物のこれからについては、今後の地域活性化のためにも「昔のものを残す」という取り組みは大切なことだと阿部さんはお考えである。しかし、一企業として考えた場合には多少の懸念もある。毎年相当の修理費をかけて維持している建物を、今後も会社だけで維持し続けていくのは容易なことではない。他の古い建物とは異なり、羽前絹練は現役の工場として動き続けている建物である。従業員や会社のことを考えると、実用性を求めて補修する部分も出てくる。そうなった際、たとえば文化財としての指定を受けることで制約が生まれるなどすれば、企業としてはそれを単純によいことと受け止めることはできない。建物をどのように維持していけばよいのかについては、今後行政と綿密に協議しながら模索していく必要がある、将来の展望を互いにしていかなければならない、とおっしゃっていた。

今後建物を維持管理していくにあたっては、自社だけで維持していくとなると、やはり企業としては難しいため、最終的にそれなりの決断をしなければならなくなる可能性も出てくるだろう。貴重な建物であるという認識はもちろんあるので、できれば残していきたい。そのためにはやはり何かしらの応援は必要だ。企業としては実用性を求める必要がある一方で、歴史ある建物を大切に維持したいという、二つの交差する思いが伝わってきた。

七　街を見守り続けて

阿部さん（左）と冨樫さん（右）にお話をうかがう

鶴岡出身の阿部さん、冨樫さんは、鶴岡の街並みの変化をどのように感じているのだろうか。

阿部さんは、一本小道に入ると昔の建物がそのまま残っている鶴岡の面白さを評価する一方、城下町ならではの町名がなくなっていることが残念だとおっしゃっていた。かつての元曲師町や鍛冶町、役人町などの歴史を感じさせる面白い町名を、復活させるまでは難しいにしても、何か違う手段でわかるようにしてくれればとのことだった。

冨樫さんは、かつては大いににぎわっていた商店街の衰退と郊外の大型店舗の集中によって鶴岡の中心街がなくなってしまっている状態に寂しさを感じている。

お二人のお話をうかがっていると、長く住まわれている方ならではの街への愛着が感じられた。

八　鶴岡シルクの新たな可能性

鶴岡で進められているシルクタウン・プロジェクトについてもお話をうかがった。鶴岡市では、かつての街を支えた養蚕と絹文化を取り戻そうと二〇一〇（平成二二）年より「鶴岡シルクタウン・プロジェクト」という活動を始動させた。地元の高校生が手作りのシルクのドレスを発表するファッションショーでは、九二歳の女性もモデルとして参加するなど、市民が一体となったプロジェクトとなっている。さらにシルクの食材としての活用や、新しい素材「キビソ」（蚕が最初に吐き出す糸のことで、かつては織物糸に不向きとされていたが、近年その独特の風合いが評価されるようになった）としての活用など、シルクの新たな可能性を求めた活動が行われている。長年にわたっての鶴岡市の絹産業の担い手である羽前絹練も、このプロジェクトを支えている。

鶴岡まちなかキネマで展示・販売されている鶴岡シルク

この活動について、阿部さんは高校生などの若い世代がシルクを広めようと活動するのはよいことだと思う、卒業した後のさらなる活動にも期待したい、とおっしゃっていた。冨樫さんは、鶴岡で昔からシルクを生産していることを知らない人も今では多く、そうした人たちに広く認知してもらうためにはやはり行政の力が必要であり、このプロジェクトには大きな意義があると考えている。

これからの進め方については、鶴岡のシルクを鶴岡のなかだけでなく全国的に広めていく活動を行い、そして関東や福島、北陸などとつながるように、点を線から面へと広げていくような活動が必要だと感じている。そのためには地域間の連携を強めていくことが重要で、官と民といった枠組みをも超えた「オールジャパン」での活動が必要だと、今後に向けての熱い思いを語ってくださった。

九　旧藩士の精神を後世へ

今後次世代に向けてどのようなものを残していきたいかということについて、阿部さんは、伝統産業をしっかりと残していきたい、とお考えである。日本本来のよいもの、伝統は後世に伝承、継承していかなければいけないとしたうえで、それを継いでくれる人がどれくらいいるか、伝統産業の後継者不足を懸念されている。羽前絹練には現在二〇代・三〇代の若手の従業員もおり、そういった人たちに自分たちの仕事を、誇りをもって伝承してもらいたいと願っている。他の場所や会社ではできない仕事をしているのだという、誇りをもてる企業風土づくりもしていきたい、という意気込みをおもちである。

戊辰戦争に敗れた藩士たちの生活再建から始まる鶴岡の絹産業は、多くの危機を乗り越えて今なお鶴岡の伝統産業として市民のなかに息づいている。お二人への聞き取りを通して私たちは旧藩士たちの思いを引き継ぎ、伝統を守り続ける鶴岡の人びとの「報恩精神」に触れることができた。最近では新幹線の車内誌などでも特集を組まれるなど、全国から熱い視線が注がれている鶴岡の絹産業。旧藩士たちのどんな困難にも負けない屈強な開墾精神を受け継ぐ、鶴岡発の新しい絹文化の今後の展開に注目していきたい。

（二〇一五年調査）

参考文献

・大瀬欽哉『城下町鶴岡』鶴岡市教育研修所社会科同好会、一九五七年。
・大瀬欽哉・斎藤正一・佐藤誠朗編『鶴岡市史 下巻』鶴岡市役所、一九七五年。
・渋谷隆一・森武麿・長谷部弘『金屋・風間創業二二〇年史』風間史料会、二〇〇〇年。
・春秋庵獲麟編『鶴岡市案内 附、三温泉、善宝寺、三山神社』エビスヤ書店、一九三三年。
・山形県教育委員会編『山形県の近代化遺産――山形県近代化遺産総合調査報告書』山形県教育委員会、二〇〇一年。
・羽前絹練株式会社ホームページ（http://uzen-kenren.co.jp/）。

第四章　人の数だけドラマが宿る、故郷の家

―旅の家　皓鶴亭―

一　人びとを故郷につなぐ皓鶴亭

庄内藩士ゆかりの武家屋敷が建ち並んでいた時代の雰囲気を残す武士の町、家中新町《かちゅうしんまち》。鶴岡公園からほど近く、致道博物館のはす向かいにある古民家が、「旅の家　皓鶴亭《こうかくてい》」である。短期滞在型施設として、行政、大学の研究室、ＮＰＯの人びとの連携協力によって作られた。利用は一度につき一組限定で、三泊四日から最長一ヶ月の期間で借りることができる。ここでは利用者は、自分の家のように自由に過ごすことができる。

この施設の管理・運営は、特定非営利法人鶴岡城下町トラスト（以下鶴岡城下町トラスト）によって行われている。二〇〇五（平成一七）年、宿泊施設としての運営を開始。以来、利用者数を伸ばし、ピーク時には年に二〇〇日以上稼働していたこともあるそうだ。それほど皓鶴亭が愛されるようになった理由は、古風な民家を自由に使えるという利便性だけではない。そこには利用した人だけが知っている、迎えてくれる人の魅力というものがある。

「皓鶴亭といえば、この人」という、名物のようなご夫婦がいる。中里健士さん・宏子さんである。お二人は、受付・利用者対応・施設管理といった実質的な運営業務を一〇年近くの長きにわたって担当されてきた。

そしてもう一人、皓鶴亭の設立には立役者がいる。市役所の職員として、また鶴岡城下町トラストの一員として、皓鶴亭の立ち上げに携わった、現鶴岡市役所建設部都市計画課長の早坂進さんである。

二　故郷鶴岡に帰るために必要なもの

鶴岡市は、一九九八（平成一〇）年の中心市街地活性化法の施行以降、市街地の活性化計画を策定し、これに基づいて様々な施策を展開してきた。このなかに、「元気居住都心」という取り組みがある。街なかに人を増やしていくことを目標に、まちなか居住の推進が検討されてきたのである。そのためには人びとのニーズを知り、何が必要なのかを把握する必要があった。

二〇〇一（平成一三）年に「元気居住都心ワークショップ」を開いて市民の声を聴き始めたのをきっかけに、以後何度かにわたってヒアリングが実施された。市民対象の調査と同時に県外在住者の意見を聞くため、都市整備課（現在の都市計画課）の委託のもと早稲田大学佐藤滋研究室による調査が実施された。鶴岡出身で東京在住の人びとが作る団体、首都圏鶴岡会の会員にアンケートやヒアリング調査を行った。主な対象者は五〇～七〇代の会員である。

すると、意外なニーズの存在が明らかになった。鶴岡から首都圏に移り住んだ人びとが折々に帰省したり、定年後に戻ってくるうえで障害になっているのが、地元とのつながりの希薄さだった。一定の年齢層以上になれば、実家は自分以外のきょうだいが継いで暮らしている場合が多い。お盆やお正月に実家に帰省しても、長居するのはどうも気が引けてしまう。ましてや自分の家族も連れてきて故郷でのんびり、とはいかない。すでに両親は亡くなっていて実家そのものがない人もいる。

故郷との縁が切れかかっている人びとが、気軽にやってきてのんびりと過ごすためには何が必要か。最終的に行き着いた答えが、短期滞在型施設だった。施設の方向性としては、鶴岡出身者で市外や県外に在住する人びと向けに、観光周遊の拠点、実家に代わる拠点、創作活動の拠点、Uターン者を迎える拠点として運用していくこととなった。

三　選ばれたのは木造の古民家　―皓鶴亭の誕生―

ニーズ調査の結果などをふまえて短期滞在型施設を作ることが決まった。次はどのような施設にするかである。もともと空き家問題も中心市街地の活性化のなかで解決すべき課題として挙がっていた。そこで短期滞在型施設には市内にある空き家を活用することになった。その際に活躍したのが、現在皓鶴亭の管理をしている鶴岡城下町トラストだ。この団体は主に地元建築士や不動産関連の人びとによって構成され、歴史的な建築の調査・維持・保存、まちづくりや景観づくりの支援、さらに空き家の活用といった活動を行っている。もとは研究会から始まったのだが、実際に皓鶴亭を作るプロセスを担うようになった。

二〇〇三（平成一五）年、社会実験を実施して、アパート型や店舗併用型など様々なタイプの空き家を用意し実際に滞在してもらうことで、利用者のニーズを調査した。そのなかで最も人気があったのが古民家タイプであったことから、最終的に白羽の矢が立ったのが現在の皓鶴亭の建物だ。

一九三〇（昭和五）年ごろに建てられた建物で、荘内銀行の頭取の社宅として使われたこともあった。ここはかつては、藩主酒井家の姫付役が住む重要な場所であったと伝えられている。建物は、その後も住宅や様々な用途に用いられた後、しばらくの間空き家状態だったという。古民家というだけあって、部屋は台所を除いてすべて畳敷きの和室である。部屋と部屋を区切るのは壁ではなく襖だ。こういった住宅は首都圏からやってきた利用者には珍しいようで、とても好評だという。

建物が決まってから、最後の難関である簡易宿泊業の許可取得に約一年間を要した。そして二〇〇五（平成一七）年、ようやく本格的な施設の運用にこぎつけた。しかし本格運用の開始から一、二年の間は運営スタッフ不足に悩んだ。運営は鶴岡城下町トラストが担当するのだが、当時の会員には仕事をしながら活動する人も多かったため、日常的に施設の運営を担うスタッフがいなかったのである。スタッフが決まっても長く続かず、ころころ変わっていくという状況が続いた。そして、二年ほど経ってやってきたのが中里さんご夫婦だった。以後、長らく中里さんご夫婦が皓鶴亭の運営をされていた。

旅館業許可証

玄関

四　きっかけは小さな募集案内

中里さんご夫婦は、お二人とも鶴岡の生まれで、いわゆるUターン者である。健士さんは市内の大山地区のご出身である。中里家はもともとは大山で造り酒屋をしていた。宏子さんは長年鶴岡市内の幼稚園の先生をされていた。

1階のお座敷から外を眺める
庭も中里さんご夫婦が手入れをされていた

1階（襖で部屋が仕切られている）

建築士であった健士さんは、横浜の設計事務所で働くことになったのを機に、故郷を離れた。単身赴任の期間を挟んで、長く横浜で暮らしていたお二人だが、健士さんが定年を迎えるのをきっかけに鶴岡に戻ってきた。鶴岡を出て、実に三〇年ぶりの帰郷である。健士さんの職場ではぜひ七〇歳まで続けて働いてもらいたい、という話もあったが、それを断ったという。横浜の暮らしも十分楽しかったと語る宏子さんも、都会の生活には飽きたと笑い、未練はないご様子だ。それだけ故郷が恋しくなるものだ、とおっしゃっていた。

現在お二人がお住まいの家は、健士さんが二〇代半ばで建てたものだ。横浜に移ってからも、お盆などの帰省のために家は取っておいた。そうした経験からも、田舎に帰るところがない人びとのニーズがよくわかるという。

鶴岡を離れていて困ったのは、人のつながりがなくなってしまっていたことだ。やはり三〇年の時の流れは大きい。それでも、お二人が鶴岡に帰ってくるタイミングを待っていたかのように故郷大山地区の菩提寺、専念寺の修復工事があり、健士さんはそのお手伝いをして、それまでのお仕事の経験を

中里健士さん・宏子さんご夫婦にお話をうかがう

大山にある専念寺

活かして地元に貢献できたことを喜んだ。

そして何かボランティアをしたいと思っていたところに、ボランティアセンターの会報の紙面がご夫婦の目に留まった。そこには、鶴岡城下町トラストが出していた皓鶴亭運営スタッフの募集案内が掲載されていた。夫婦でできるボランティアを、と考えていたお二人はすぐに応募を決めた。

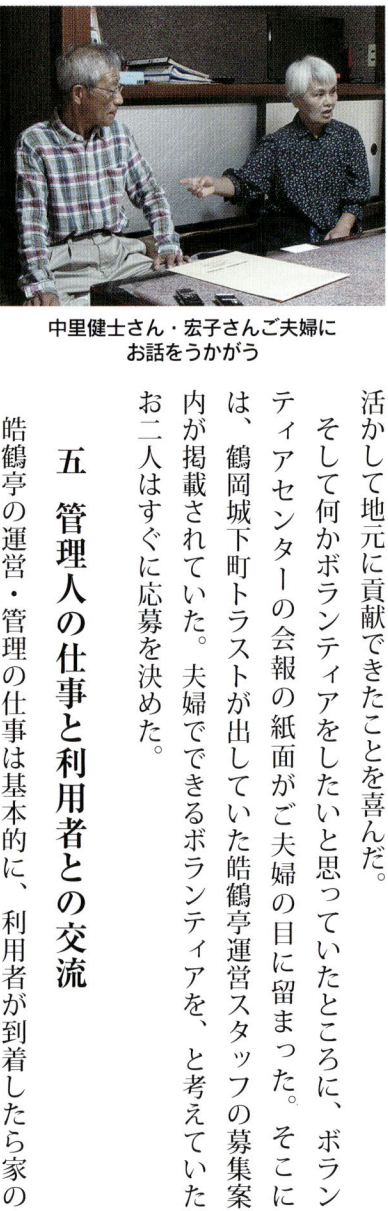

五　管理人の仕事と利用者との交流

皓鶴亭の運営・管理の仕事は基本的に、利用者が到着したら家の鍵を渡し、帰る際に鍵の回収と料金の受け取りをすることだ。他には、利用者が帰った後に簡単な清掃をし、使用済みのシーツを交換する。これが当初、鶴岡城下町トラストが依頼する予定の仕事の内容であった。しかし、早坂さんによれば、中里さんご夫婦の場合は、それ以上に皓鶴亭の運営に尽くしてこられたとのことだ。宏子さんは自宅でメールや電話を使って受付を行い、利用者リストの管理をし、健士さんは駐車場や庭の草刈りと、手入れを行った。さらに、やってきた利用者に対しても、単に事務的に鍵の受け渡しをするだけでなく、積極的にコミュニケーションを取るようにしていたという。事務的な仕事のなかにも、ちょっとした心遣いがされていた。無味乾燥なものになりがちなメールのやり取りにおいても、宏子さんからの返信は庄内弁を用いたあたたかいものになっていた。

利用者が感想や意見を記した「旅日記」を拝見させていただくと、感謝や思い出のことばがびっしりと書き記されていた。なかには「包丁が切れなかったので研いでおきました」「食材が余ったので置いておきます」といったお二人への伝言が書き残されたものもある。それらは利用者とご夫婦の豊かな関係を窺わせるものであった。もともと人と関わるのが好きだという宏子さんは、こうした利用者との交流は楽しく、やりがいがあった、とおっしゃっていた。

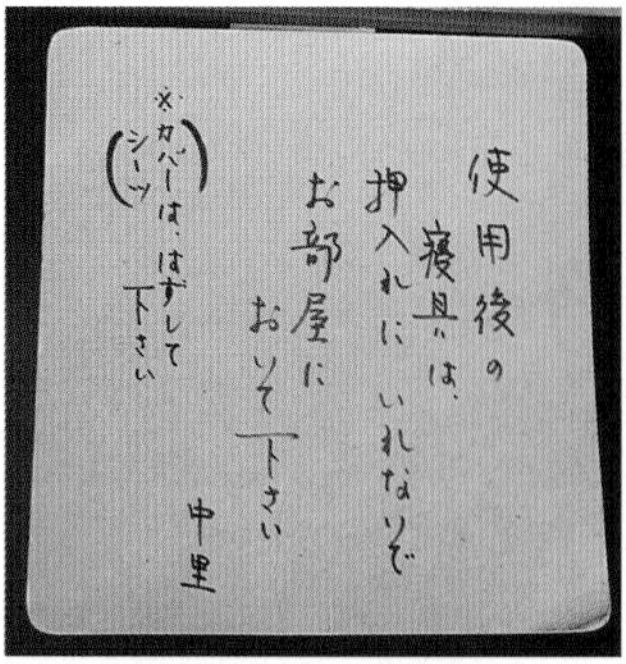

利用者向けの注意書き

一方で大変な部分もあった。利用者がやってくる時間帯に合わせて鍵を渡すのだが、早朝にバスで到着する利用者や、深夜に夜行バスで帰る利用者もいる。そういった場合でも、利用者のスケジュールに合わせて鍵の受け渡しをする。困ったことに、時間にルーズな利用者もいたそうだ。約束の時間になっても現れず、お二人で何時間も待ちぼうけを食ったこともあった。また、ごくわずかな例だが、団体利用をした大学生が、酒盛りで布団を汚し、大声で騒ぎ、ごみを放置したまま帰ってしまったことがあった。早坂さんや大家さんは怒ったが、結局中里さんご夫婦が後始末をしたという。他にも子どもがおねしょをして濡れた布団を押し入れにそのまましまってしまったり、子どもが障子を破ったりと、予期せぬトラブルが発生する度に、処理や補修を行わなければならなかった。中里さんのお仕事は楽しいが、楽ではないのだ。

一一月には雪囲いをし、春には庭の草取りをする。そうしたお仕事もご夫婦が一手に引き受けていた。また、建築士である健士さんには、建物の古さを何とかしたいという思いもあった。

六　それぞれのドラマ

皓鶴亭は様々な人が利用する。利用目的も三者三様だ。皓鶴亭ではたくさんのドラマが生まれては記憶されていく。感動的な出来事や、笑える出来事、ちょっとした珍事件など、とりわけ記憶に残っているものをご紹介いただいた。

早坂さん（左）にお話をうかがう

まず、皓鶴亭で起こった珍事件である。鶴岡の夏の風物詩である赤川花火大会を見物するために宿泊した利用者の身に起こった悲劇だ。皓鶴亭は簡易宿泊業の許可を取って運営しているのだが、実は利用可能なのは一階のみである。宿泊業を行うための建物の規準は厳しく、二階は自己責任のもと、各々の判断に任せることになっていた。このときの利用者も、二階部分で寝起きしていたそうだ。ところが花火大会が始まる前に、なんと階段から落ちて怪我をしてしまったのである。幸い怪我は大事に至らなかったが、その利用者は一番の目的であった花火を見逃してしまった。現在は念のため、二階には上がれないようになっている。

味わいのある皓鶴亭の看板

2階への階段（現在2階は使用できない）

都会に暮らす女性が、鶴岡の実家の母親と過ごすために借りるということもあった。故郷の母親と、親子水入らずの時を過ごすためだ。実家とはいっても、きょうだいの家族が住んでいれば何日も泊まるわけにはいかず、母親と二人きりになることもできない。この女性は定期的に鶴岡へやってきては、皓鶴亭を借りていた。帰郷はしたいが、実家には何泊もできない。ホテルに泊まると高くつく。実際に、観光のための利用よりも、実家代わりの利用が最も多いのだという。実家のように自由にくつろげる空間が、住居型の宿泊施設の強みだ。特にご夫婦に子ども連れといった家族にとっては、利便性が高いようである。

このような利用者もいた。女性一人でずっと連泊していて、もしや怪しい人ではないかと疑ったが、早坂さんが訪ねて行ったところ、その人は作家をしている方だった。数は少ないが、創作を生業としている人が長期に利用することもある。一ヶ月間滞在した人もいるという。確かに、この趣ある古民家で鶴岡の歴史を感じながら過ごすと、自ずと創作意欲も高まるのかもしれない。

庄内の海に泳ぎにきた人、月山や鳥海山の登山やスキーに訪れる人、日本語の上手な外国人のお客さん、献体をした人の納骨のために利用する人、ご夫婦が迎えた利用者は実に様々である。

観光、帰郷、創作活動と利用目的は幅広く、家を丸ごと自由に借りられるという皓鶴亭の存在は、これまで見過ごされてきた宿泊ニーズに光をあてるものであったに違いない。まるで共同の別荘のようだ、と宏子さんは皓鶴亭の存在を表現していた。

七　皓鶴亭の未来

長い間多くの人びとに愛されてきた皓鶴亭だが、運営が中断された時期があった。それは、健士さんが自宅で腰の骨を折る大怪我を負ってしまったことがきっかけとなった。受付業務や利用者対応ならばともかく、これまでやっていた駐車場のスペースや庭の草刈りをこまめにやることが難しくなってしまったのだ。ただでさえ仕事が多い皓鶴亭の運営だ。きちんと仕事ができないならば、とご夫婦で相談し、運営の仕事を辞めることになった。その後二年ほど皓鶴亭は休止となった。このほどやっと新しい運営スタッフが見つかり、再開に至った。運営休止の間、「いつ再開するのか」という問い合わせがたくさんあった。皓鶴亭が多くの人から愛されている何よりの証だ。

今後、より長く皓鶴亭が続いていくためにクリアすべきことは確かにある。継続して関わることのできるスタッフの確保、建物や庭のメンテナンス、利用者のマナーといった課題と向き合わなければならない。それでも必要とされている限り、その存在がなくなることは決してないだろう。

市役所、大学の研究室、ＮＰＯ、そしてＵターンしたご夫婦が、立場の違いを超えて協働して作り上げた皓鶴亭。建物こそ古民家でありながら、そこには前向きに街のこれからを構想した人びとの思いが詰まっている。鶴岡には、いつも温かく出迎えてくれる家がある。家があるから、鶴岡に帰ってきてしまう。故郷は遠くはならない。皓鶴亭はあの日あの時の思い出とともに、次なる帰郷を楽しみに待っている。

参考文献

・鶴岡市「鶴岡市中心市街地活性化基本計画」（平成二四年三月変更）二〇一二年（https://www.city.tsuruoka.lg.jp/seibi/toshikaihatsu/syouko01tyukatsu.files/pi02297 -01.pdf）。
・鶴岡市、早稲田大学都市・地域研究所『鶴岡「元気居住都心」調査報告書』二〇〇五年（https://www.city.tsuruoka.lg.jp/seibi/toshikaihatsu/genkikyojyutosin.files/hokokusyo.pdf）。
・早稲田大学佐藤滋研究室・鶴岡市都市整備課『首都圏鶴岡会会員アンケート調査報告書』二〇〇三年（https://www.city.tsuruoka.lg.jp/seibi/toshikaihatsu/genkikyojyutosin.files/tyosahokokusyo.pdf）。
・特定非営利法人鶴岡城下町トラストホームページ（http://www.tsurutrust.org/）。

（二〇一六年調査）

第五章　鶴岡のキリスト教文化の象徴

―鶴岡カトリック教会天主堂―

一　十字架を仰ぐ

鶴岡市の繁華街、銀座通りから荘内神社に向かって真っ直ぐに伸びる三雪通り。内川に架かる三雪橋を渡って神社のほうに歩いて行くと、赤く鋭い尖塔に十字架を掲げた「鶴岡カトリック教会天主堂」が見えてくる。この尖塔は、中心市街地に高い建物が多くはない鶴岡の街で、様々な場所から目に入り、ランドマーク的な存在となっている。

教会に近づいていくと、入口には、意外にも黒い木造の和風の門があり、洋風の白い教会とミスマッチな景観となっている。そして門をくぐると、青空をバックに白壁がよく映える。

この教会は、フランス人宣教師ダリベル神父の尽力によって、一九〇三（明治三六）年一〇月に完成した木造建築である。一九七九（昭和五四）年五月に国の重要文化財に指定されたこの鶴岡カトリック教会天主堂は、今もなお、鶴岡におけるキリスト教信仰の中心的な場として、十字架を掲げている。

三日町川岸からの天主堂の眺め
（大正期ごろの絵葉書）★

この鶴岡カトリック教会天主堂がたどってきた一一〇年以上の歴史と、ここで重ねられてきた人びとの思いについて、信者として教会と長く関わり、現在は鶴岡カトリック教会天主堂保存協力会の事務局長を務めておられる佐藤晃さんにお話をうかがった。

二　フランスの教会の様式と日本の建築技術

高さ二三・七ｍもある尖塔を有する、木造瓦葺きの瀟洒な天主堂は、内外ともに美しく荘重な白色で彩られている。フランスのデリヴランド教会をイメージして建てられたといわれる、バジリカ型三廊式ロマネスク様式の教会建築物で、東北地方ではこの様式としての最古のものである。バジリカ型とは、二ないし四列の柱列が並び、柱の上には桟敷席を設け、後陣には一段高い司会席を設けた様式で、古代ローマの列柱式建築の形式（「王の列柱空間」）である。この様式は法廷や集会に用いられ、礼拝にも好都合なので教会にも多く採り入れられている。中央部の身廊（ネーブ）、両側にある側廊（アイル）、後陣（アプス）によって構成され、ロマネスク様式の特徴である半円アーチとリブ・ヴォールト天井、クリアストリー（円形の明かり窓）をもつ。

天主堂の内部

水切り

内部は漆喰塗り仕上げで、石灰を膠で固めたものである。また、建物の腐蝕を防ぐために、建物の土台のすぐ上にある一番下の板目には水切りが設けられている。こうした部分には日本の伝統的な建築技術が用いられている。また、洋風の外観でありながら、内部は畳敷きになっており、当時の日本人の生活習慣に合わせていたことがわかる。佐藤さんは、デザインだけでなく、一見しただけではわからないこのような工夫にこそ、当時の技術がいかに優れ、また人びとがいかに知恵を働かせ、その知恵がいかに今日まで生き続けているかが表れているとおっしゃっていた。

三　献堂一〇〇周年のあゆみ

鶴岡カトリック教会のあゆみは、佐藤さんのお話、それから『天主堂を仰ぎ見て』、『神の小羊』（いずれも荻原泉著）という書物によれば、次のようなものであった。

鶴岡カトリック教会は、一八八五（明治一八）年秋にフランス人のダリベル神父が鶴岡に派遣されたことに始まる。ダリベル神父は当初は「耶蘇の坊主」と呼ばれ虐待されたそうだ。紙漉町の貸家に住みながら布教活動を行ったが、一八八七（明治二〇）年、旧庄内藩家老の末松十蔵の屋敷を購入し、登記を行った。末松家の屋敷の購入にあたっては、ダリベル神父に洗礼を受けた眼科医の荻原圓《まどか》が尽力した。

旧庄内藩家老・末松家の屋敷の門と
鶴岡カトリック教会天主堂

このときから神父は強い決意をもって建設への支援を得るために奔走する。建築資金を集めるのに一〇数年の時間を要し、ついに一九〇二（明治三五）年、教会の建設に着手した。

ダリベル神父は建築工事を後任のマトン神父に託し、設計は、日本における教会堂の建築を数多く手がけ、宣教師としても精力的な活動をしたパピノ神父が担当したと伝えられている。工事請負人は木材商の六代目森田三郎右衛門で、棟梁は森田のお抱え大工であった相馬富太郎が務めた。相馬は荘内神社、荘内中学校（現在の鶴岡南高等学校）、鶴岡高等女学校（現在の鶴岡北高等学校）を建てた優秀な棟梁であったが、彼にとって鶴岡カトリック教会は初めて手がける洋風建築であった。マトン神父との会話にも苦労しながら、東京の教会建築なども見学して研究を重ね、心血を注いだ。こうして多くの人物が苦労を重ねて建設した鶴岡カトリック教会は一九〇三（明治三六）年に完成し、一〇月一一日に献堂式が行われた。式典の参加者・参観者は数千名に達したといわれ、盛大に行われた。このとき、フランス・ノルマンディー地方のデリヴランド修道院から寄贈されたのが黒い聖母像である。その後一九一四（大正三）年に、天主堂に隣接する司祭館も完成した。一九一六（大正五）年に大型オルガンを設置し、一九二九（昭和四）年にはドイツより寄贈された聖ヨゼフ像を安置した。一九三一（昭和六）年五月には、ライネルケンス神父によって

ドイツより寄贈された聖ヨゼフ像

中央祭壇が奉献されている。

時代は下って、戦後から二〇年あまりが経過した一九六〇年代後半以降、鶴岡カトリック教会の建築的価値が高く評価されるようになった。併せて補修工事も施された。一九六七（昭和四二）年には聖堂内部の塗り替えが行われ、文化財指定に向けた気運が高まっていく。一九七三（昭和四八）年四月には、現在まで続く「鶴岡カトリック教会天主堂保存協力会」が発足した。同年五月一日に鶴岡市有形文化財、六月二七日に山形県有形文化財に指定され、一九七九（昭和五四）年

1914（大正３）年に完成した司祭館

大正期ごろの天主堂と司祭館★

五月二一日には国の重要文化財として指定された。

引き続き保存のための工事も行われ、一九九四（平成六）年から一九九六（平成八）年まで、第一次から第三次にわたる天主堂補修工事が実施された。一九九六（平成八）年六月二八日には補修工事完成の祝賀式典・祝賀会が開催された。

二一世紀に入り、二〇〇三（平成一五）年に献堂一〇〇周年を迎えた。三月にはパイプオルガンが完成、七月には黒い聖母像が鶴岡市の有形文化財に指定された（この像については後にあらためて触れる）。そして一〇月には献堂一〇〇周年記念式典が開催された。

二〇〇五（平成一七）年八月から二〇〇六（平成一八）年九月にかけては、第一次から第二次にわたって司祭館の改修工事が行われ、二〇〇七（平成一九）年二月から二〇〇八（平成二〇）年四月には黒い聖母像が修復された。

こうして献堂から一〇〇年を超えた鶴岡カトリック教会天主堂は、幾度かの大規模な改修工事を経て今日に至っている。一九九四（平成六）年から二年をかけた大改修にも関わった佐藤さんによれば、補修のための公費予算二億円あまりのほとんどは、塔屋の地下部分に費やされたとのことだ。大工さん、棟梁の証言によれば、建設当時、防虫・防腐のために硫黄をたっぷりと入れて建てたそうだが、一〇〇年もの時間が経過すると、その部分の状況が心配された。実際、シロアリに食われてボロボロになってしまっていた。土台の石の部分も傷んでおり、そちらは類似の石をはめ込んで補修した。しかしそれ以外の部分は、ほぼそのままであり、おおよそ九〇％は昔の形を保っている。

四　信仰の象徴

鶴岡カトリック教会天主堂は、建物自体が国指定重要文化財であるが、それ以外にも文化財登録されたもの、また特徴ある様式を有するものがある。

（一）黒い聖母マリア像

一九〇三（明治三六）年、フランス・ノルマンディー地方のデリヴランド修道院から肌の黒い聖母マリア像が寄贈された。聖堂左側の副祭壇に立つマリア像がそれである。こうした黒く塗られた聖母マリア像は、日本では他に例のないものである。

黒い聖母マリア像

『天主堂を仰ぎ見て』には、このマリア像について、次のように書かれている。

> 宝石がちりばめられた王冠と黄金色に輝く法衣に包まれた容姿に思わずため息をつく。想像以上に黒いお顔は瞬間的にきついという感じを受けたが、しばらくすると慈愛が滲み出ているというようなお顔である。

このマリア像は、一九九四（平成六）年からの天主堂補修工事の際に表面の一部が剥離するという事故に見舞われた。その後修復されて元に戻っている。

佐藤さんの説明によれば、このマリア像はフランスからきたものなのでラテン系であり、ドイツから贈られたヨゼフ像はゲルマン系のお顔をしているとのことであった。それぞれ特徴が出ていてよいと思います、とおっしゃっていた。

（二）中央祭壇

『天主堂を仰ぎ見て』によれば、鶴岡カトリック教会天主堂の中央祭壇は一九三一（昭和六）年に奉献されたもので、祭壇の上部にはイエス・キリストの聖心《みこころ》の像が、右側には聖フランシスコ・ザビエル、左側には小さき花の聖テレジアの像が安置されている。その上には二人の聖人の遺物が納められており、このような祭壇をもつ教会は日本には鶴岡カトリック教会以外にはないとされる。

中央祭壇

この中央祭壇は一九三〇（昭和五）年に函館で作られた。製作者の富樫十次の父親である富樫昇蔵は鶴岡の出身で、開拓のために北海道に渡っていた。そして上磯町（現北斗市）のトラピスト修道院の建設に協力した。そうしたなか、一九〇三（明治三六）年一〇月の鶴岡教会の献堂式に招待され、一七年ぶりに鶴岡への帰郷を果たした。しかしその帰途において、乗っていた船が衝突事故に遭い、溺れている人を救助しているうちに力尽きて亡くなった。つまり、この中央祭壇は、鶴岡にゆかりのある人が手がけたものである。

このような人のつながりに思いをめぐらせながら眺めてみると、三つの像の表情もまたそれまでとは違ったものに見えてくるような気がする。

（三）天主堂の窓絵

鶴岡カトリック教会には、教会でよく見かけるようなステンドグラスでも色ガラスでもない独特の窓がある。薄い透明な紙に描かれた聖画や図案が透明な二枚のガラスに挟まれて貼ってあるもので、通称「貼り絵」（プリンティッド・フィルム・ステンドグラス）といわれている。ステンドグラスが高価なために代用品として使用したものと考えられるが、現在、日本では鶴岡カトリック教会以外には見ることができない珍しいものである。

ステンドグラスや窓絵には、単にデザイン性を追求するだけではなく、聖書の教えをわかりやすく伝えるという目的もある。

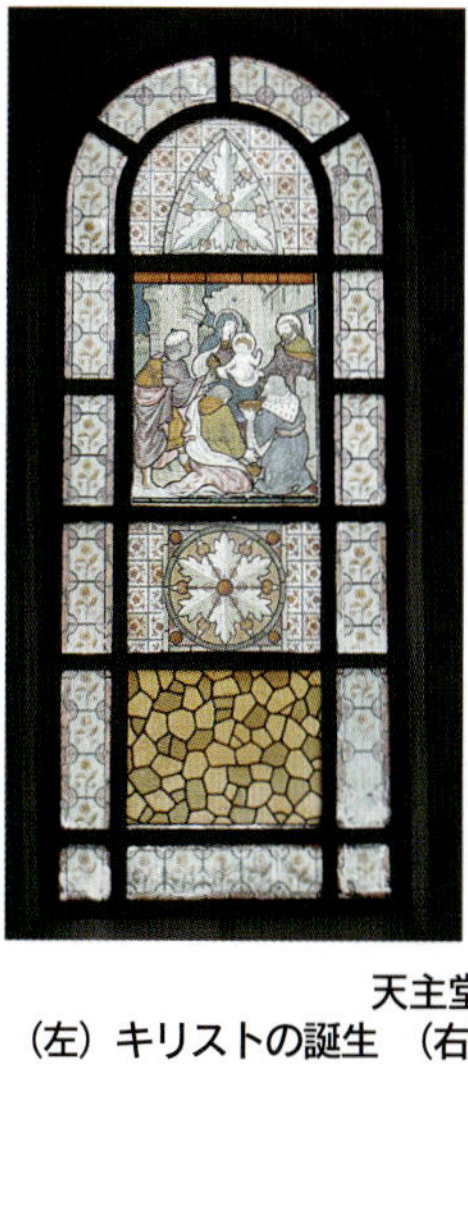

天主堂の窓絵
（左）キリストの誕生　（右）学者に教える12歳のイエス

ステンドグラスよりもはるかに細かく、美しい窓絵だが、保存の難しさという面もある。とくに南側の窓絵には紫外線による褪色がどうしても生じてしまう。これまでの補修工事の際にたびたび修復が行われてきたが、常に対策を考えていく必要があるとのことである。

（四）歴史を伝えるもの

鶴岡カトリック教会天主堂には、祭壇や聖像以外にも、歴史を物語る品々が内外にある。

たとえば聖水盤はそのひとつである。天主堂に入る信者さんたちは、皆が手に水を付けて十字を切った。帰るときも同様にしていた。長年にわたって人びとの手を清めてきた。

軒下の換気口は十字架をあしらったもので、既製品ではなく、この教会のために造られたものである。

そうしたひとつひとつのものに、人びとの思いや記憶が宿っている。

告白室
1922（大正11）年　佐藤鉄吉作

聖水盤
元々は入口にあったもの

軒下の換気口
鶴岡教会オリジナル 大山・原田鋳造所製

入口上部のステンドグラス

五　信仰の軌跡

佐藤さんは、信者として数十年にわたって鶴岡カトリック教会と関わってこられた。

佐藤さんのお父さんは酒田市郊外の農家に生まれた。次男ということもあり、家を継ぐわけでもなく、ただ仕事をするだけの日々にどこか精神的に行き詰まりを感じていた。そして一九歳のとき、あるきっかけで鶴岡カトリック教会の黒門の前に立っていると、伝道士が招いてくれた。お父さんは、「よくきた」と迎えてくれた神父さんと話し、教会に通って勉強し洗礼を受けた。その後旧満州へと渡った。そろそろ結婚する時期になって、旧知の成田朝治郎伝道士に誰かよい人がいれば紹介してください、とお願いしたところ、成田伝道士の頭に浮かんだのが、のちに佐藤さんのお母さんとなる女性だった。

お母さんは三日町の畳屋さんがご実家で、鶴岡カトリック教会が近所であったことから、子どものころからよく遊びにきており、教会の勉強がしたいと、かねてから通っていたのだった。成田伝道士はこの女性をお父さんに紹介し、二人は文通をした。お母さんは写真を見ただけで会ったこともないままに意を決して、トランクひとつもって満州に渡り、結婚式を挙げた。このロマンチックな出会いのもと、三人きょうだいの一人として、佐藤さんは満州で生まれた。この地で佐藤さんも洗礼を受けた。

終戦後、満州から引き揚げることとなったが、お父さんはシベリアに抑留された。帰国して間もないころは日々の生活に精一杯だった。やがてお父さんもようやくシベリアから無事に帰国することができた。当時小学生だった佐藤さんは、お父さんに連れられて鶴岡カトリック教会に行き、そこでガブリエル神父に迎えられ、挨拶をした。これが佐藤さんにとっての鶴岡カトリック教会との最初の関わりだった。

鶴岡カトリック教会天主堂は畳敷きになっている。今でこそ、パイプ椅子が置かれてそちらに腰掛けられるようになっているが、佐藤さんが子どものころにミサに参加したりお説教を聞くときには正座をした。長い時間正座をするのは足がとても痛かった。その痛みに耐えながら、今は修行をしているのだ、と思っていた。

夏休みになると、サマースクールという勉強会があり、一週間教会に寝泊まりしながら伝道士さんに勉強を教えてもらったり、神父さんにお話を聞かせてもらったり、お祈りをしたりするという生活を送った。高校時代は酒田から鶴岡南高等学校に通っていた（後に佐藤さんは母校である同校の校長先生を務められた）ため、一週間に一度くらい、司祭館で開かれる勉強会に参加していた。当時勉強会に参加していた男性は佐藤さん一人だけで、ずいぶんと緊張した。時々休むと、同じ高校に通う女子生徒から、成田伝道士からの「勉強会にくるように」というメッセージを伝えられた。女性から声をかけられるのは、何とも気恥ずかしく、さぼりたくてもさぼれないので一生懸命通った。敬虔な信仰の場は、佐藤さんにとっては青春時代の

佐藤さんにお話をうかがう

思い出の場でもある。

佐藤さんはその後大学進学のために上京し、卒業後は民間企業に就職した後、高等学校の教員として鶴岡市に戻ってきた。そして三〇歳前後のときに、成田伝道士から「そろそろ教会のことを色々手伝ってもらえないかな」といわれ、積極的に関わるようになった。もちろんそれまでもミサには通っていたが、国に重要文化財の申請をするための資料作成といった仕事に携わるようになり、それまで以上に深く関わるようになっていった。その作業のなかで、荻原泉さん（『天主堂を仰ぎ見て』、『神の小羊』の著者で、天主堂建設にも尽力した荻原圓の子孫）との出会いがあり、鶴岡カトリック教会の歴史についても深く学んだ。その後お仕事の都合で数年間、鶴岡を離れた時期こそあったものの、佐藤さんはご両親とともに鶴岡カトリック教会に深い縁と信仰をもち、今日に至るまで、教会とともに歩んでこられた。

1973（昭和48）年の鶴岡カトリック教会天主堂★

六　信仰の場を守り続けるために

鶴岡カトリック教会天主堂は、国指定の重要文化財となっているが、ミサをはじめ、信仰の場として今も変わらずに使われ続けている。見学者には無料で公開されている。

通常、国指定の重要文化財になると、観光客の見学はよいが、信者のためのミサなどは別の建物を造ってそちらで行いなさい、という指導になる。何をするにも許可が必要となるのは不便であり、信徒さんのなかでも「指定はいらない」という声が大勢であった。しかし、長い目で見たときに、修復や保全のための補助が期待できるのならば受けたほうがよいのではないか、という判断に至った。

実際に、築一〇〇年を超える天主堂を、そのままの姿で維持していくのは非常に困難なことである。およそ五年間を一周期と考えてそのたびに補修をしていかなければならず、重要文化財に指定されて以降、国や県、鶴岡市からの補助金を得て、なんとか維持しているのが現状である。指定された当時のままの状態を保ちながら保存しなければならないため、素材等の変更ができないのに加え、非常に多くの文書を作成して申請・中間報告・ヒアリング・実績報告に臨まなければならず、そのための仕事の多さも負担になっている。しかし費用面を考えると、文化財保護制度による支援を受けないと厳しい。

屋根に設置された雪止めのスギの丸太

鶴岡は降雪地帯であり、天主堂にも雪の落下を防ぐため、スギの丸太を設置して雪止めにしている。以前それが落下したことがあった。幸い誰も怪我をすることはなく、復旧したそうだが、今も不安は拭い去れないとのことだった。そうした保全面の課題は少なくない。

七　祈りをつなぐ

現在、鶴岡カトリック教会天主堂の保存事業は、教会、文化庁、県庁、市役所などの関係者に加え、「鶴岡カトリック教会天主堂保存協力会」といった有志の人びとの努力によって行われている。同会は、文化財の指定にあたり、教会自身がミサや日常の運営などで非常に忙しいことを鑑み、その負担を減らすことを目的として一九七三（昭和四八）年四月二二日に発足した組織である。鶴岡カトリック教会天主堂の保存にあたっては、会員の信仰や宗教的な活動といったことは考慮せず、あくまでも建物・建築のあり方についてサポートすることを目的として広く協力を募るという形を取った。そして補修工事が行われる際の協力だけでなく、『天主堂保存協力会事務局だより』の発行を通じて日常的な取り組みも行っている。

リブ・ヴォールト天井と
パイプオルガン

「鶴岡カトリック教会天主堂保存協力会」の活動を推進していくうえで、大きな力となったのが、天主堂コンサートである。天主堂コンサートは、当時傷みが激しく補修工事が必要であったために、その状況を伝えるとともに支援を募ることを目的としたもので、一九七五（昭和五〇）年九月に、第一回コンサート「金内馨子リサイタル『宗教音楽の夕べ』」が開催された。以後一九九六（平成八）年三月に三〇回目の節目を迎え、現在も年に一〇回ほど開催されている。

木造のリブ・ヴォールト天井は、歌うにしても、楽器を鳴らすにしても、ちょうどよい残響をもっているそうで、佐藤さんが、ぱん、と手を打ち鳴らすと、なるほど心地よい響きが伝わった。

鶴岡カトリック教会天主堂には、もともとはパイプオルガンがなかった。天主堂が一〇〇周年を迎えるにあたり、地元の方が建物の雰囲気に合わせて製作をした。日曜日のミサや結婚式が行われる際にはこのパイプオルガンが演奏されるが、普段も毎日練習のためにオルガニストの方が演奏していて、時間によってはその美しい調べに耳を傾けることができる。儀式の際に聴くパイプオルガンの音は、聖堂の雰囲気とマッチして、とても荘厳で美しいものだとイメージできる。

パイプオルガンが設置されるまでは、二階にはオルガンがあり、聖歌隊が登って歌っていた。二階への回り階段は狭く、歴代の神父さんのなかには登ることができなかった人もいたのだそうだ。地元の方の協力によって作られたパイプオルガンは、この鶴岡カトリック教会天主堂のなかでは最も新しい部分といえるかもしれない。

このように多くの人びとの協力により、鶴岡カトリック教会天主堂は成り立ってきた。佐藤さんは、今後の保存のあり方について、次のようにおっしゃっていた。

私たちは信者であるからただ祈っているというだけではなくて、少し視野を広げて、象徴の一つであり、文化遺産となったこの教会をいかに後世にうまく伝えられるようにするのかが使命だと思っています。

そのためには、「鶴岡カトリック教会天主堂保存協力会」と、鶴岡市、山形県、文化庁といった外部の組織とのつながりを保ちつつ、内側では後継者を育てながら、事務的な仕事を引き継いでいく必要があるとのことである。

八　これからの仕事

鶴岡カトリック教会天主堂のすぐ隣には、鶴岡マリア幼稚園がある。こちらの幼稚園では、月に一回、天主堂で司祭さんの話を聞く、お祈りの会がある。入園式や卒園式の会場になるのも天主堂である。教育者である佐藤さんから見ても、とてもよい環境である。

鶴岡市が進めている歴史まちづくりのなかで、三雪通りの景観を整備する計画もある。そこでは鶴岡カトリック教会天主堂の存在はますます重要性を増していくことだろう。通りから天主堂の姿を今よりもよく見せるようにする構想も出てきている。そうすることで、三雪通りの風景は、これまで以上に歴史の風合いを加味したものになるだろう。

佐藤さんご自身が考えているこれからの仕事は、破損して、修復に出されたヨゼフ像を迎えたうえで（二〇一六（平成二八）年一二月二一日に修復が完了し帰還した）、祭壇の裏側の壁の塗装を行うこと、そして瓦の雪止めの工事を行うことである。壁のペンキは塗り直しても、もつのはせいぜい三〇年。だとすれば次の世代の人にきちんと対応する必要性をしっかりと伝えていかなければならない。屋根の丸太の雪止めも、応急的な対処のままでよいのか。雪止めの付いた瓦に取り替える必要があるのではないか。

文化財保護との兼ね合いを考えながら、よりよい保全の形を探っていかなければならない。誰かがやってくれるという考えでは、建物は朽ちてしまうということを伝えていく必要がある。佐藤さんのお仕事は、建物への深い愛情が結晶していくもののように思えた。「これらが片付いたら、私は寿命だなあ」と笑いながらおっしゃっていたが、佐藤さんのお仕事なくしては、この天主堂は今のような姿を保つことができなかったかもしれない。

鶴岡カトリック教会とともに歩んでこられた佐藤さんは、信者としてはもちろんのこと、その立場を超えて信仰をつなぐための活動をされてきた。佐藤さんの望みは、これからも信仰をつないでいくことであり、鶴岡カトリック教会天主堂の保全のための取り組みは、そうした望みが形となって表わされたものなのである。

参考文献

・大瀬欽哉『鶴岡百年のあゆみ――続・城下町鶴岡』鶴岡郷土史同好会、一九七三年。
・大瀬欽哉・斎藤正一・佐藤誠朗編『鶴岡市史 下巻』鶴岡市役所、一九七五年。
・荻原泉『神の子羊――鶴岡カトリック教会略史』鶴岡カトリック教会、一九九六年。
・荻原泉『天主堂を仰ぎ見て――重要文化財・鶴岡カトリック教会』鶴岡カトリック教会、一九九六年。
・春日儀夫編『目で見る鶴岡百年（付酒田）上巻』エビスヤ書店、一九七六年。

・山口泰史「歴史を語る建物たち　鶴岡カトリック教会」『Future SIGHT』winter 2011 no.51 フィデア総合研究所、二〇一一年（https://www.f-ric.co.jp/fs/201101/26-27.pdf）。
・鶴岡カトリック教会ホームページ（http://www.turuoka-catholic.or.jp/frem/index2.html）。

（二〇一六年調査）

第六章　時代を先取る目と決断力で「荒物屋」を現代に残す

―森茂八商店―

一　街角でひときわ目を引く商店

鶴岡公園の前を通る羽黒街道を羽黒山方向に歩いていくと、内川を境にして街並みが変化する。ここは旧城下町の構造でいえば武家地から町人地へと移り変わる場所である。内川までが元武家地で土地の区画が大きく、致道館や、鶴岡市役所、鶴岡商工会議所、建設中の鶴岡市文化会館などの大きな建物が建ち並ぶ。一方、内川にかかる鶴園橋を渡った先は町人地の色を残し、住宅や個人商店などの細々とした建物が並ぶ。そんな鶴園橋のたもとに「森茂八《もりもはち》商店」はある。

「ここは何屋さんなのだろう?」初めて前を通りかかったときに思ったことである。外観を上から眺めると、白壁の土蔵のような造りの店構えに大きな木の看板が付けられており、昔からの商店であることを物語っている。驚くのはその看板より上の部分と下の部分とのギャップである。軒下に掲げられた「大判焼」の旗とイートインスペースらしき場所。そのすぐ横には「各種工事承ります」の看板。大きく開かれているガラス戸から店内を覗いてみると、整然と並べられた竹細工商品や藁商品などのすぐ隣に、昭和の銭湯にあったようなケロリンの洗面器といった入浴関連商品や豊富な品ぞろえ

店内の様子

の知恵の輪。天井には多数のランプや菅笠、竹かごなどが吊るされていた。外見とともにどこか懐かしい雰囲気とぬくもりを感じる店内だが、やはり単純には「何屋さん」と断言できない店構えだ。そんな森茂八商店の会長・森久市さんも「うちはね、『荒物屋』だけどね。もう何屋だかわかんねぇの」と笑いながらおっしゃっていた。

二　城下町・鶴岡の荒物屋

「荒物屋」。鶴岡と同じく城下町を起源とする都市である弘前でも現在はほとんど見かけない業種である。荒物屋が取り扱う商品について、『鶴岡市史 下巻』には「元来、縄、莚、莫蓙、雪簑、かんじき、蓑、笠、竹箒、草箒、手籠、麻布等、農村の藁工品や手工品、工芸品を主と各種の家庭日用品を取扱ったので、仕入れは農閑期に行なわれ、一年分の商品を三月末まで仕入れなければならなかった」との記述がある。それらを春から一斉に売るのである。

バンドリ

仕入れの話は森さんのお話のなかにもあった。車のなかった時代の鶴岡周辺の山村は冬、深い雪に閉じ込められる。村の人びとは外に出られない代わりに、稲刈り後に得た藁や、山から切り出してきた木を加工し、縄やバンドリと呼ばれる、ものを背負う際に使う道具や、桶、しな織りなどを冬中作った。そして春、雪が融けたのちに作り溜めたものを町へ売りに出る。それらを買い取っていたのが荒物屋だった。こうして集まったものを荒物屋で商品として売ることで、海辺に住む人びとは藁製品や漁で使用する縄などを手に入れることができた。

物流が現代ほど進んでいなかった時代に日用雑貨品を仕入れ、必要なところや必要とする人に販売する。荒物屋は現代でいうホームセンターと似たような役割を果たしていた場所で、町の人びとの生活に欠かせない存在であった。

『鶴岡市史 下巻』をもとに明治以降の鶴岡における荒物屋の動向を見ると、一八八七（明治二〇）年に鶴岡荒物商組合が結成されたが、一八八九（明治二二）年には九五戸、一八九四（明治二七）年には七五戸と荒物屋の数は徐々に減少。組合員の数も一九二八（昭和三）年には三二名、一九三三（昭和八）年には二五名、一九三七（昭和一二）年には二二名となり、戦時中に組合は解散した。そして現在、鶴岡で荒物屋として残るのは、森茂八商店を含め、ほんのわずかとなっている。

大正時代の森茂八商店の番頭★

森茂八商店の創業は江戸時代末期ごろと伝わる。伊勢出身の商人が伊勢屋という屋号があることから、鶴岡に移り住んだのが始まりではないかといわれている。大正時代には鶴岡の大商店のひとつに数えられ、昭和に入っても主要な荒物屋のひとつとして各種文献に名前が挙げられている。森さんのお父さんの代までは代々「森茂八」を襲名していたが、火災で家系図が焼失してしまった関係で何代目まで続いてきていたのかなどの詳細については今となってはわからない。

三　明治以降の森茂八商店のあゆみ

広告を元に森茂八商店における取扱商品の変化を見てみよう。まず『鶴岡市史　下巻』に引用された一八九九（明治三二）年当時の広告では「各国畳表花莚、和洋諸紙類、内外砂糖、石油、蒟蒻粉、傘、日傘、柳行李、竹行李、畳縁布各種」と書いてあるように、日用雑貨品だけでなく食品なども幅広く取り扱っていることがわかる。

時代は下って、一九三八（昭和一三）年当時の広告には「畳表、縁布、花莚、上敷莚、リノリユーム、旅行鞄、行李、雨傘、防水マント、左官材料」と書いてあり、日用雑貨品に特化してきている。このとき取り扱っていたのが左官材料の一つである石灰である。鉄道で鶴岡駅まで運ばれてきたものを、駅から馬車に積み直して倉庫に運ぶわけだが、当時の道は未舗装。ガタガタと揺れる馬車から石灰がばらまかれ、駅から倉庫までの道を白く染め上げていた。

そして現在、ホームページのトップ画面には「リフォーム、畳、内装、荒物、雑貨、建物清掃、作業員派遣、高所作業」の文字が並ぶ。荒物商品を売るだけではなく、現場作業的なことも幅広く事業として取り扱うようになっている。また、現在の業務内容には灯油ランプや、ミネラルウォーターの販売等に加え、二〇一六（平成二八）年一月一〇日からは大判焼の店頭販売も加わった。

大判焼は、当初はお花見の時期が終わるまで、と考えていたが、まさかの大好評につき販売を継

1907（明治40）年７月印刷の森茂八商店の広告
「萬荒物卸小売商（よろずあらものおろしこうりしょう） 鶴岡一日市町　森茂八」とある
（森久市さん提供）

現在の広告
（森茂八商店ホームページ）

1938（昭和13）年の広告
『鶴岡市商工案内』

続した。味は、こしあん、キーマカレー、日替わりの三種類。お話をうかがった後にいただいたが、小腹を満たすのにちょうどよいうえに、鶴岡の街を歩きながら食べられる手軽さもあり、人気商品になるのもうなずける。購入するのは若い女性、トラックの運転手さん、商工会議所の職員さん、地元の高校生など様々だそうで、幅広い年代の人に愛されていることがわかる。

このように様々な商品を取り扱う森茂八商店の店内には、専売特許を取得していることを証明する看板がいくつも掲示されている。これらもお店の歴史を物語る存在である。

大判焼　（左）表と（右）裏　「MADE IN TURUOKA」の文字も誇らしげだ

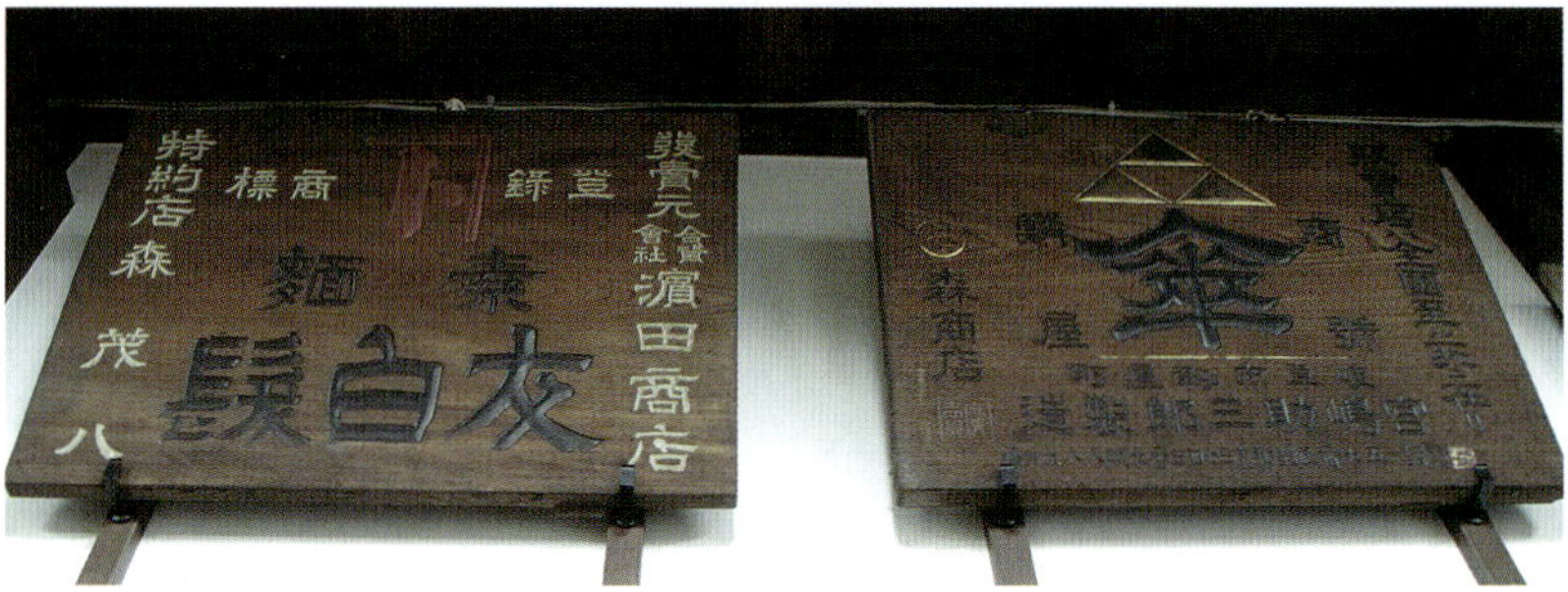
専売特許を証明する看板
（左）素麺　（右）唐傘・番傘・蛇の目傘の専売特許をそれぞれ示している

四 「土蔵造風」の建物の変化と歴史

取り扱う商品が時代ごとに変化するなかで、森茂八商店の建

改修前の森茂八商店の姿を描いた絵

戦前の森茂八商店　1939（昭和14）年５月
當家のとき（森久市さん提供）

物自体も何度か改修され変化してきた。

まず、外観の変化である。現在の建物が建てられたのは一九三五（昭和一〇）年のことである。もともと左官材料を取り扱っていたことから店構えも土蔵のようになっているのではないか、と森さんはおっしゃっていた。その後、一九九五（平成七）年の羽黒街道の幅員拡張時に一尺（約三〇㎝）ほど引っかかってしまった軒を切り落とす際、よい機会だからと、他に改修が必要になった部分も一緒に改修した。このとき、土蔵の白壁も三か月かけて塗り直したが、ご先祖様が造り、守ってきた建物を壊すわけにはいかない、その一心で、左官屋さんには「元と同じようにしてほしい」とお願いしたそうだ。

次に内装の変化である。現在商品が並ぶ場所には昔、座売りの形式で商売を行っていた関係で畳が敷いてあった。今から四〇年ほど前までのことである。座売りで商売をしていた時代に使っていた帳場は、現在旧風間家別邸無量光苑釈迦堂のほうに置いてある。畳を取り払った後はひとつの大きな空間として広々としていた店舗内であったが、一九九五（平成七）年の建物改修時に、多くの柱を立てた。「柱だらけになっちゃった」と森さんは笑っておっしゃっていたが、この柱のおかげで建物の寿命を延ばすことができている。

この建物は一九三五（昭和一〇）年に建てられてから一九九五（平成七）年に改修するまでの間に、一九六四（昭和三九）年の新潟地震を経験している。鶴岡市は最大震度六の強烈な揺れに見舞われた。ちょうど森さんは鶴岡を離れていた時期で、当時の様子はお父さんから聞いた。天井に吊るされた商品は今よりも多く、わさわさと大きく揺れ、建物自体も右に左にと大きく傾き、揺れた。重い瓦を使用しているため、つぶれるのではないかと思ったそうだ。鶴岡市内で全壊した建物は三二〇戸にも上るが、幸いにも森茂八商店は地震で大きく破損することなく、今日まで残ることになった。

新潟地震をくぐり抜けた森茂八商店には、昔と変わらないものもある。

ひとつは坪庭である。森茂八商店には二つの坪庭があるが、庭として使うというよりも、降雪時に雪を落とす場所として使うのが主だそうだ。これには昔ながらの町割りが関係している。家と家の隙間は狭く、わざわざ場所を作らないと雪を落とす場所がない。そのために坪庭を使う。庭をきれいに作ろうにも雪の降る時期になれば

店舗から見える坪庭

かつての商品倉庫だった土蔵の入り口

雪の下になってつぶれてしまううえに、雪はゴールデンウィークのころまで消えない。昔は坪庭ではなく道に落とすこともあった。道に落とさないようにとの注意も出されたが、家がつぶれるよりはまし、と、やむなく夜中に雪を落としたこともある。その結果、店の前の道路に積み重なった雪の高さは六尺（約一八〇㎝）にもなった。その雪の道から外れた馬そりが店の前に転げ落ちてきたこともあった。

もうひとつは、店舗の奥にある、住居スペースにつながる土間を上がると、すぐ目の前に現れる土蔵である。昔はこの土蔵が倉庫として使われていて、土蔵前の土間で商品発送の準備などをしていた。今は扉には木の板でカバーが付けられているが、今回何十年かぶりに外して内側を見せていただいた。カバーの下には三段の掛子塗《かけご》り（土蔵の入口の戸の周りの段で、防火効果を高める）が隠れていた。

機能的なところはそのままに、その一方で建物の寿命を延ばし、より暮らしやすくするためのリフォームは必要最低限に。昔ながらの建物を極力残し、使い続けようとする心遣いを感じた。

五　十日町界隈の賑わいの変化

森茂八商店がある場所は、現在は本町二丁目と呼ばれているが、地域の人は一日市町《ひといちまち》や十日町という昔の地名を用いる。一日市町や十日町界隈はもともと町人地で、商人も多く集っていた地域である。そもそも一日市町、十日町という町名は、一日もしくは十日に市が立ち、商売が行われていたことからつけられている。その名残をとどめ、昔は荒物屋が連なっていたり、様々な店が建ち並

明治中期（推定）の一日市町　右の橋は鶴園橋
橋の向こうの角に1920（大正９）年に焼失する前の
森茂八商店旧店舗が見える★

ぶ、「鶴岡で一番の商店街」だった。

しかしその商店街に影が落ちる。原因のひとつは大型店の進出だといわれる。大型店は一度店内に入ってしまえば、必要なものがある程度そろってしまうほどの幅広い品ぞろえのよさがある。これによって商店街で特定分野に深く特化した専門店をひとつひとつ回って商品を買いそろえていくという買い物文化は薄れた。

大型店に消費者を奪われた街なかの商店街は、利益を出すことが次第に難しくなっていった。このまま商売をやっても食べていけない、と後継者になるはずだった若者が見切りをつけ、そのまま廃業していった店も少なくないそうだ。商店街の売り上げは現在も落ち続けている。商店が閉店することによって、住む人も少なくなる。住む人が少なくなると地域の行事が行えなくなる。

その例が氏子町というしくみに表れている。鶴岡ではそれぞれの町がそれぞれの神社の氏子町となっている。一日市町界隈は上山王日枝神社の氏子町にあたっていた。その氏子のなかから一軒、一年間神様を家に下ろす當家《と(う)や》（頭屋などとも書く）を出し、神様のもとで精進する。森茂八商店にも一九三九（昭和一四）年に當家を務めたときの写真が保管されている。そして神様をお返しするときに行うお祭りを主催するのも氏子の仕事である。これが祭りの形である。しかし近年、予算や、場所、人材など様々な課題が生じて、氏子による神社の行事は取りやめになってしまった。

六　鶴岡が鶴岡であるために

森さんは、森茂八商店を営む傍ら、ここ十数年間は一日市商興会長としても活動し、中心市街地活性化に取り組んできた。商店街のひとつひとつの店が成り立ち、地域の人が暮らし続けられる街を目指すためにも中心市街地の活性化は欠かせない。人が暮らせない＝住む人がいなくなるということは、氏子が神社を守っていくといった地域の文化を伝える人・受け継ぐ人がいなくなるということでもある。鶴岡が鶴岡らしくあるために、ただ形骸的に建物を残すだけでなく、地域文化を残していける人材が必要だ。そう森さんはおっしゃっていた。

森久市さんにお話をうかがう

また、もうひとつの中心市街地の活性化に向けたアプローチとして、同じ一日市町にある鶴岡ホテルの保存活動も行っている。鶴岡ホテルをその商売や遍歴などと合わせ、鶴岡の文化遺産として営業当時のまま残していけるよう、事業趣意書を作成するなどして周囲の人びとに呼びかけた。鶴岡の一商人として鶴岡の街を何とかしたい。話の端々からそんな森さんの強い思いを感じた。

七　森茂八商店のこれから　―現代に「荒物屋」を残す―

現在の森茂八商店の業務内容には商品の販売だけではなく、各種サービスの提供も含まれる。このように取扱商品が変わるタイミングのひとつが代替わりである。

代が替わるごとに、今まで抱えていた在庫を一気に捨て、新しい商品を取り入れ方針転換を図るということが、商売の世界ではままあるとのことだ。その量は、お父さんから森さんへと代替わりするときにはトラック六台分、森さんから息子さんへとバトンタッチした際にはなんと一〇台分にもなった。

時代が進むことによって、木桶がプラスチック製のバケツに取って代わられるように、新しい技術が生まれて今まであった商品が置き換えられるなど、何もかもが目まぐるしく移り変わりゆく。荒物屋を営むなかで、これからどうすれば生き残れるかということも大きな課題としてある。そうしてたどり着いた考え方のひとつに、「売れないものを売ること」がある。森さんの代に取り扱っていた「ホームセンターにあるようなもの」は多くが姿を消し、それらの代わりにランプや昔ながらの竹細工など、現代の大型量販店にはないような商品が店頭に並ぶようになった。大判焼も森さんの息子さんが提案して販売を始めたものだ。あるときには、息子さんの代から始めたホームページを通じてフランスから注文がきたこともある。商圏は今や鶴岡市周辺だけにとどまらず、グローバル化している。

常に時代の流れを読み、時代に合わせた商売をして「荒物屋」として生き残る。現代まで続いてきた「荒物屋」の森茂八商店は、これからもお店の中身こそ変わっていっても、姿形は変わらない土蔵造り風の建物と、先進性のある家風、そして代々受け継がれた商人の心意気でもって生き続けていくだろう。

（二〇一六年調査）

参考文献

- 大瀬欽哉・斎藤正一・佐藤誠朗編『鶴岡市史 下巻』鶴岡市役所、一九七五年。
- 大瀬欽哉『鶴岡百年のあゆみ――続・城下町鶴岡』鶴岡郷土史同好会、一九七三年。
- 佐藤滋・城下町都市研究体『新版図説 城下町都市』鹿島出版会、二〇一五年。
- 東北出版企画編著『鶴岡市六〇年誌』東北出版企画、一九八四年。
- 三浦鶴林編『鶴岡商工人名録 昭和十三年十月』鶴岡商工会議所、一九三八年。
- 鶴岡市「鶴岡市中心市街地活性化基本計画」（平成二四年三月変更）、二〇〇八年 (https://www.city.tsuruoka.lg.jp/seibi/toshikaihatsu/syouko01tyukatsu.files/pi02297-01. pdf)。
- 森茂八商店ホームページ（http://www.aramonoya.com)。

第七章　博識な店主と猫が出迎える
昔ながらの酒屋
―鯉川支店―

一　ふと懐かしさを感じる切妻の酒屋

南銀座通り商店街に一歩足を踏み入れると、普段よく目にするガラス張りのショーウィンドーのお店やビルが建ち並ぶなかに、切妻の木造二階建ての建物が現れる。周りと比べて建物の雰囲気自体が異なるのだが、そのちぐはぐな印象はかえって何ともいえない心地よさを感じさせる。それが「鯉川支店」である。そのたたずまいから、初めて訪れた場所であるにもかかわらず、どこか懐かしい気持ちになった。

庄内地方を代表する蔵元である鯉川酒造は、鶴岡市本町三丁目（旧町名は上肴町）に鶴岡支店（鯉川酒造鶴岡工場）をもっている。一方、本町二丁目（旧町名は十日町）には、鯉川支店という酒屋さんがある。こちらはルーツこそ鯉川酒造につながっているものの、現在資本関係はないとのことで、かつて「支店」として開業した名残から今も鯉川の名を店名に冠している。十日町の鯉川支店の現在の店主は佐藤伸浩さん。生まれも育ちも関東でありながら、お祖母さんが守ってきたお店を受け継ぐために鶴岡に移り住んだ方だ。

佐藤さんは一九六三（昭和三八）年東京都品川区に生まれ、神奈川県川崎市で育ち、現在はお祖母さんの跡を継いで鯉川支店の四代目店主を務めている。鶴岡に移り住む以前は、東京の大学を卒業後、サラリーマンとして働いていた。お仕事でドイツに渡り、暮らしたこともある。しかし、あるとき三代目店主であるお祖母さんから、三〇年間一人で切り盛りしてきたお店を畳んでしまおうかという話が持ち上がった。「それはもったいない」と考え、二〇〇一（平成一三）年の暮れに思い切って鶴岡に移住し、店を継いだ。

佐藤さんは、鯉川支店の店主であると同時に、翻訳家でもある。児童文学を中心に、ドイツ語の書物を翻訳し、外国の文化を広めている。また鶴岡工業高等専門学校でドイツ語を教える、教師としての顔もおもちである。

鯉川支店の建物に関しては、奥の居住スペースこそ現代の暮らしに合わせて部分的なリフォームを行っているが、店舗スペースは当時のまま利用している。新しい部分と古い部分が同居しているので、佐藤さんいわく「タイムマシーンのような建物」である。店舗部分には時代劇で目にするような、板の間の床が高くなった造り（座売りの様式）がそのまま残っている。今となっては風情がある反面、お店で働き始めた当初はお客さんよりも自分の目の位置が高くなってしまうので、上から人の頭を見ることになるのが嫌であったという。そのためお客さんがきたときには必ず座った状態で相手をするようになった。

二　鯉川支店と佐藤家のあゆみ

一九〇九（明治四二）年、十日町に鯉川支店は開店した。鯉川酒

レトロな道具とともに座売りの雰囲気が残る

店頭に並ぶ鯉川酒造の商品

造の第八代目蔵元・佐藤直之助さんの妹である、もと（於もと）さんは、「家業として鶴岡で販売店をやってくれないか」という直之助さんの頼みを受けた。そこで婿を取るという形ではなく、酒田の商家出身の佐藤仁之七さんと結婚して鶴岡に住む、という形で販売を始めた。分家のような格好で鶴岡にお店を出すことになったのだが、もとさんが結婚をしたことによって面白いことが起きた。それは、もとさんも仁之七さんもともに佐藤姓であったことから、同じ姓が続いたにもかかわらず、実は家系が変わったということである。

つまり、結婚を機にご主人の仁之七さんのほうの佐藤姓を名乗っていく形になり、鯉川酒造の佐藤姓ではなくなったということだ。もとさんが結婚した当時、周りには佐藤姓が多かったという。佐藤さんご自身も「うちの佐藤はよく考えたら、鯉川の佐藤じゃない」という風に、今になって思っている。

もとさんの跡を継いだのが、息子の保吉さんである。保吉さんは東京工業大学の前身の東京高等工業学校（所在地にちなんで蔵前工業大学と呼ばれた）を卒業して、国税局に勤務した。鯉川支店の当主であるにもかかわらず、愛媛県松山の醸造試験場に二〇年近く勤務したという。やがて自ら酒類関係の技術者を希望し、実際に技術者となって鯉川支店の二代目を務めた。彼は自分の従妹のおつねさん（直之助さんの娘）と結婚をした。いわゆる姻族婚である。二人の間には子どもがいなかったため、鯉川の蔵元（直之助さんの息子で跡取りの繁太さん）とおつねさんの弟である貞吾さんが、後に佐藤さんのお祖母さんとなる静子さんをお嫁さんに迎えて養子となり、三代目となった。貞吾さんは拓殖大学でロシア語を専攻、樺太に渡って北樺太石油会社に勤めた。その後軍隊に召集され、ボルネオで終戦を迎えた。戦後、色々なお仕事に関わるなかでお店を手伝うこととなり、鯉川酒造の役員として株式会社化に尽力した。貞吾さんと結婚した静子さんは、庄内藩の鷹匠頭であった林家の出身。当時は町人のところにもとの武家からお嫁さんに行くというのは珍しいことであった。

佐藤敏直さん
（鶴岡市教育委員会提供）

この二人の結婚の結果、佐藤さんには父方に二人の曾祖父がいることとなった。ひとりは実の曾祖父である直之助さん、もうひとりは法律上の曾祖父である保吉さんである。そして貞吾さん・静子さんご夫婦の子どもが佐藤さんのお父さん、佐藤敏直さんである。

佐藤敏直さんは慶應義塾大学工学部に進学後、音楽の道に進み、作曲の先生のもとに入門し、作曲家として数多くの作品を生み出した。敏直さんには鶴岡に帰ってからの就職の道も用意されていたが、ご本人は河合楽器で働きながら作曲を続けた。そして多くのすぐれた現代音楽の作品を作曲した。佐藤さんによれば、敏直さんは絵も上手で、そちらの道を志したこともあったそうである。

結果として、敏直さんは家業を継ぐことはなかった。しかし三代目の孫である佐藤さんが四代目を継ぐこととなった。もしも祖父母が養子縁組をする必要がなかったら私はここにいない、と佐藤さんは、家族のなかの運命のめぐり合わせというものに不思議な感慨を覚えるそうだ。

三　受け継がれる建物の記憶

今でこそ長い歴史を感じさせる鯉川支店の建物であるが、これまでに二回の建て替えを経験している。一度目は、昭和初期に明治時代に建てられた店舗が火災によって焼失した際に行われた。その一〇年後、今度は戦時中の建物疎開によって、取り壊しを余儀なくされた。『鶴岡市史 下巻』によれば、一九四五（昭和二〇）年に二度にわたって建物密集地区の強制疎開が行われた。建物は解体され、約半年の間、敷地は空き地になった。幸い、鶴岡市は空襲の被害をほとんど受けなかった。そして比較的早い時期に再建がされることになり、一九四六（昭和二一）年に二度目の建て直しが行われた。今となっては、亡くなられた佐藤さんのお祖母さんが、建て替え前の建物に住んだ記憶をもっていた最後の人物となる。

現在の建物は戦後の建て直し後の建物ということになるが、柱をよく見ると、ほぞの穴が開いている部分が何か所もある。これは、戦後の建て直しの際、かつての建物に使用されていた部材をそのまま再利用した名残である。このように、この建物は二度の建て替えを経験しており、壁や柱がくすんでいたため、幼いころの佐藤さんはお祖母さんに「この家は火事になったのか？」と聞いては、「確かになったんだけど、その家（建物疎開で壊された店舗のこと）じゃないのよ」と何度もいわれた。

建物の敷地も当初から変化している。かつては現在の歩道の部分

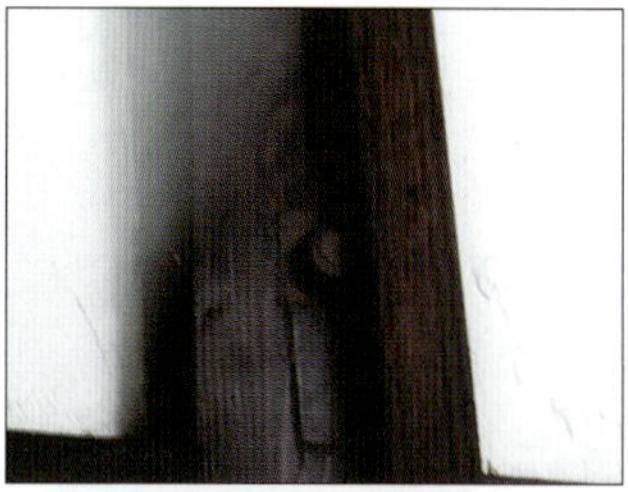

ほぞ穴が残ったままの柱

古い道具が今日まで伝わる

味わいのある瓦

まで敷地があり、外門もあった。昭和三〇年代に建物の前の通りが国道化されるにあたって、拡幅され、建物もセットバックされた。その名残で、鯉川支店の軒は歩道にはみ出る形となっている。

佐藤さんが鶴岡に移住した当初は、予想以上に建物の修復が必要な状態であった。自分が小さいころに遊びにきたときの、人が大勢いて、店がとても繁盛していたころの思い出が強く残っていた。かつては住み込みのお手伝いさん、通いの店員さん、奥の仕事をする（お店には出てこない）人、アルバイトの高校生といった人びとが働いていた。

佐藤さんはそのころの記憶のまま、お祖母さんが一人で切り盛りしていた時代の鯉川支店の苦労を知らず、ほとんど考えないままに店を継いだため、最初はとても苦労した。現在でも、補修はところどころ行っているそうで、ほとんど自分たちの力だけで行っているという。建物自体が昭和のものであり、実際に自分たちが住んでいるのだから、自分たちでできるところは何とかしようというのが基本的な考えだ。ただ、屋根だけはさすがに自力ではどうにもならないため、頭を悩ませている。鯉川支店は周囲の建物に比べて屋根が単に大きいだけでなく、現在では珍しい杉皮葺きを用いている。そのため、葺き替えを容易に行えず、部分的な応急処置をするに留まらざるをえない。

その一方で、この建物はなかなか頑丈でもある。一九六四（昭和三九）年の新潟地震、それから佐藤さんが直接経験した二〇〇八（平成二〇）年の岩手・宮城内陸地震、二〇一一（平成二三）年の東北地方太平洋沖地震（東日本大震災）の際にも、大きな被害はなかった。地震のとき、この建物はフラフープをやっているときのような揺れ方をしたとのことだ。平積みにしていた本が崩れなかったというから、ある意味免震構造のようになっているのかもしれない。

四　十日町界隈の移り変わり

旧町名の十日町、二百人町、南町からなる南銀座商店街は、総合店を核にバラエティ豊かな店舗が軒を連ねている。このなかに鯉川支店は現在もどっしりと構えている。今となってはひときわ目を引く建物であるが、かつては鯉川支店と同じような切妻屋根の建物が大小合わせていくつもこの界隈にあった。しかし、どの商店も建て替えが進んだり、廃業に追い込まれたりといった理由から現在ではほとんど残っていない。

佐藤さんが子どものころには、鯉川支店の前の南銀座通りは舗装のされていない砂利道だった。そして鶴岡から山形へと向かうバスの通るメインストリートだった。昭和四〇年代、赤川沿いのバイパスができて、通りは一方通行になった。間もなくその一方通行は解除される。

切妻屋根の商店が建ち並んでいた十日町通り（明治～大正期ごろ絵葉書）★

鯉川支店が当時の姿を現在まで残すことができたのは、店の顔である看板にも理由があった。商店街を整備する際、多くの場所でアーケードを設置する。鶴岡市内であれば、銀座通りといった商店街ではファサード（店舗正面の外観）変更を行い、アーケードに合わせてきれいに整えられている。しかし鯉川支店の場合、看板の大きさや構造上、どうしてもファサード変更を行うことができなかった。そのために建物がそのままの姿で残っているのである。

このように昔ながらの姿を残している一方で、街を彩る建物も時代とともに変化している。鯉川支店のすぐ近くには、大きなテナントビルが約三〇年前から建っている。それ以前は、同じような雰囲気の建物が建ち並んでいた。いつの間にか写真を撮るときも背景にその大きな建物が必ず映り込んでしまうようになった。こうした景観の変化を見ていると、まちづくりの一環として家並みの保存を行っていくことの限界を感じる。それは小さな街であれば可能かもしれない。しかし、発展している地域ほど街並みの統一は難しいだろう、と佐藤さんはおっしゃっていた。

鯉川支店が二度目の建て替えを行った当時、周囲にはまだ明治時代から続く建物が多かった。戦後に再建された鯉川支店は、当時

鯉川支店の看板

通りに面した２階部分を支えている梁

2階から通りを眺める

は周辺の建物のなかでは新しいほうだった。しかし、昭和三〇年ごろになると、高度経済成長のもとで古い建物の建て替えが進んだ。だが昭和四〇年ごろに建てられた新しい建物も、五〇年近くが経過している。後の時代の建物のほうが昔の建物よりも材料面で劣っていることが多く、むしろ劣化の具合が著しく見える。

実際、鯉川支店の建物も、かなりしっかりとした材料が用いられていることがわかる。佐藤さんに教えていただいて上を見上げると、とても太い梁が通っている。「立派な感じでとてもうれしい」そうだが、反面大きな地震のときに自分の頭の上に落ちてきたりしないか心配にもなる。

五　人と人とのつながり

東京でサラリーマンとして働いた後、お祖母さんの跡を継ぐために鶴岡に移り住んだ佐藤さんは、子どものころから何度もこちらに遊びにきていた。まだ上越新幹線も開業しておらず、庄内空港もなかった昭和四〇年代、帰省の際には大変な思いをして切符を手に入れた。上野から新潟まで立ったままで乗ったこともある。急行「羽越」、「鳥海」、「羽黒」で約一〇時間、特急「いなほ」で約八時間の旅だった。

佐藤さんの夏休みは、五日間で宿題を終え、その後の四週間は鶴岡で過ごすというものだった。その間にはバスや庄内交通湯野浜線に乗って海水浴に出かけた。佐藤さんの家のお盆は年に二回あり、七月の一三日と八月のお墓参りとがあった。かつて行われていた花笠まつりも印象に残っている。三日間のお祭りのパレードは、駅前からスタートして南銀座までやってきた。

鶴岡での年末年始は慌ただしいものだった。年越しの様々なイベントがあったからである。まず一二月九日には「大黒様の御歳夜」、一七日には「観音様の御歳夜」がある。三〇日には「人の年越し」でアワフキガレイ（ナメタガレイ）と納豆汁を食べた。大晦日は集金や配達で忙しく、年を越した元旦は年始のあいさつ回り。それゆえに初詣には行ったことがない。二日の夜には「お食い初め」としてワラビ、豆麩の味噌汁を食べた。鶴岡のお雑煮は、丸餅を用い、芋、大根、ゴボウの入った昆布だしの精進雑煮というものだ。東京生まれ、神奈川育ちであっても、子どものころから鶴岡と庄内の文化には深く親しんでいた。

鶴岡人のお父さんの血を引いていることもあり、鶴岡に移り住んだ後も、「よそ者」ではあっても地域社会に受け入れられるのは早かったという。通常、初めて暮らす土地で商売を始めるにあたっては、そこに住む人たちに受け入れられるまで相当の時間と苦労を要する。佐藤さんのように、すんなりと迎え入れられるのは滅多にあることではない。佐藤さんは鶴岡には血縁があっても地縁がないという。何年も住んでいれば確かに知り合いはできる、でも同級生や昔からの友達はこの地にはいないということだ。

佐藤さんのお父さんである敏直さんが、鶴岡では有名人であったため、その息子さんということでものごとが進行していくことには疲れてしまった。しかし、時間の経過とともにそうした受け止

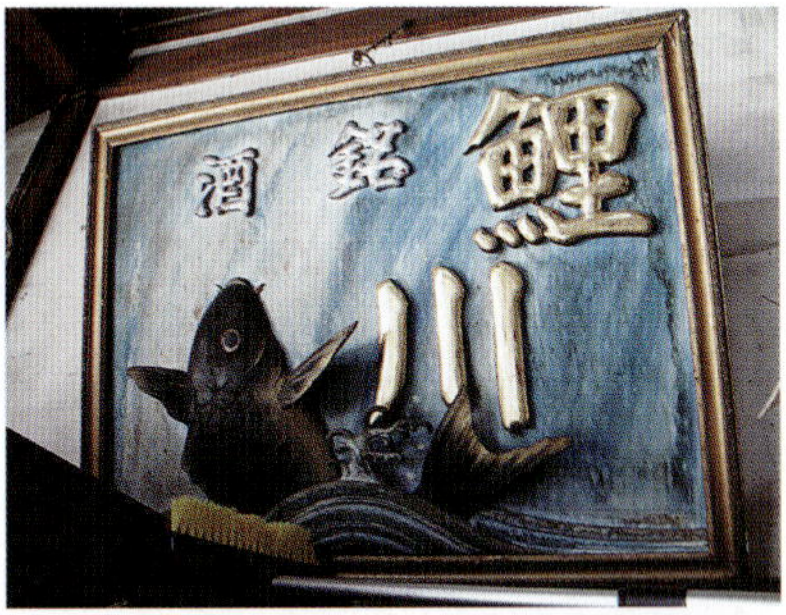

鯉川酒造のお酒「羽越盛」「鯉川」の看板

められ方は薄まっていった。

今では、地元の神社の氏子総代も務めている。氏子総代は、地域のなかでもかなり年長の人が務めるものだから、四〇代での就任は異例のことだった。当然最初のころは板に付かなかったそうである。しかし務めるうちに役員の人びととも顔なじみになった。そうして地域のなかに溶け込んでいったのだろう。

佐藤さんがお仕事をしていくうえで最初に苦労したのは、買い物にくるのがお祖母さんの静子さんのお客さんばかりであったことだ。世代的に一代飛ばして、孫の佐藤さんがお店を継いだことによって、同世代のお客さんではなく、お祖母さんがお店を切り盛りしていた当時のなじみのお客さんしか店を訪れなかった。個人商店というのはお店を営んでいる人と同世代の人に売れる。だからこそ、商売を代々受け継いでいくことの意味について、このとき強く考えたという。また、鯉川支店はお酒の小売業であるにもかかわらず、昔から卸業だと誤解されることが多かった。これを挽回するために、今までに店名を変えてみようか、といったことも考えたが、結局看板が付いてしまっているためにそのままの店名で続けることになった。

今でこそ鯉川支店が扱っているのはお酒だけだが、かつては、のし紙やのし袋といった若干の日用品と、食品も置いていた。お店をコンビニにしませんか、という誘いもあった。昭和五〇年代、酒類販売業の免許には高い価値があった。距離や人口を基準にした規制も設けられていた。しかしその後、酒屋さんの数は急速に減少していった。鶴岡税務署管内の酒屋さんの数は、かつては三〇〇軒近くあったものが、現在は一五〇軒程度になっており、その半分がコンビニであるという。

佐藤さんが鯉川支店を継いだころから、お酒に関しても世間の見方が変わっていった。それまでの日本酒とビールといった大ざっぱなくくりから、純米酒や吟醸酒といった名前が一般化していった。そうなるとお客さんのお酒に対する知識も深まり、お店の人よりもお客さんのほうが詳しいということも出てきた。おかげでお酒に関する勉強をしなければいけなくなった。とくに古くからの酒屋さんである鯉川支店の場合、お客さんもお店に対して期待をしてやってくる。幸い、鯉川酒造が親戚であることから、日本酒に関する様々な知識を仕入れることができた。

六　商店街と観光客をつなぐ難しさ

鯉川支店は鶴岡駅から二キロほど離れた場所にあり、観光がてらゆっくり歩いてくるとなると小一時間はかかってしまう。そのため、観光客がお店を訪れてくれることは大歓迎だが、反面なかなか難しいだろうとも感じている。「そういう風な、何か目的意識をもっているような人たちが、もっと個人的にきてほしいなって思いますよね。うちみたいなところは、個人にちらっときてもらえればうれしいなって思いますね。そういう人がくるとちょっとね、私もたがが外れるみたいで、おまけとかしてしまうよね、どうしても」とおっしゃっていた。

これまでにも、客層を広げるためにＳＮＳを活用したこともある。それを見て覗きにきたお客さんもいるが、やはり最初からここにお店があることを知っていてほしい。

また、観光客が訪れにくい理由には、鶴岡という街が彼らにとってなじみが薄いことも関わっているのではないか

佐藤さん手書きの商品案内

店内のものひとつひとつに
ときの流れを感じる

懐かしさを感じさせる
鯉川支店の店先

と考えている。日本人は、ヨーロッパについて現地の人よりもよく知っていることがある。それは、世界史の授業で知識を身に付けるからだ。だが、海外の人は世界史の舞台に出ることのない鶴岡についてどれだけ知っているだろうか。これと同じことが日本国内でも起きているのではないか、と佐藤さんはおっしゃっていた。地元の人にとってはあたりまえの歴史上の出来事も、教科書に書かれない限りは非常に稀有な情報で、外の人間にとっては関係のないことである。こうした事情がなじみの薄さを生み、行きにくさの原因になっているのだろう。

七　商店街の高齢化

佐藤伸浩さん（右）にお話をうかがう

タウンマネージメント機構（ＴＭＯ）という商業地の活性化を図るための団体は、今日ではどこの地方都市にもある。鶴岡にも商工会議所が中心となって組織されている「あきんど会」というものがあった。ここに、佐藤さんは商工会議所の人の計らいによって、鶴岡にきてすぐに参加した。今まで商店街に関係する人たちと共に活性化に向けたイベントを企画・運営してきたそうだが、ときが経つにつれ会議への参加者も減ってきてしまった。佐藤さんは三〇代で会長を務めることになった。

その背景には地域や商店街を支える人たちの高齢化がある。商店街の高齢化というように、活動団体に所属する人の高齢化によって、何か企画を立てようとしても若い人に任せきりになってしまう。「お前がまとめてやってくれればみんな、うん、っていうから」というように、実働部隊がなかなか出てこない。気づかぬうちに、自分がプレイングマネージャーになってしまっていた。後継者の育成も、全国各地の商店街に共通する大きな課題である。

八　まちづくりのあり方

佐藤さんはこれまでに、「あきんど会」や商店街のメンバーとして、フリーペーパーの作成や「あきんど祭」といったイベントに携わってきた。「あきんど祭」は、「次世代あきんど会」が主催した、「物売り」「まちづくり」の総合イベントで、出店あり、舞台あり、シンポジウムありといった盛りだくさんの内容だったそうだ。また、佐藤さんはジャズベーシストとしても活動している。ＭＪＫ（モダンジャズ研究会）というユニットの六人のメンバーとともに、山王商店街のナイトバザールをはじめ、商店街で行われる各イベントでのバンド演奏を現在でも行っている。時には店先で練習をすることもある。

鶴岡ではこれまで多くの団体がまちづくりのための活動に取り組んできた。しかし、その多くが一時的な活動で消えてしまった。中心市街地にこだわった活動を行ってきた「あきんど会」も、主要メンバーのなかに店舗を中心市街地の外に移す人も出てきて、だんだんと難しくなっていったとのことだった。これまで様々な活動に取り組んできた佐藤さんでさえ、限界を感じている。「まちづくりをしようぜ、とかいっているときには、まちが死んでいるんだよね」。まちづくりというの

鯉川支店では、佐藤さんと猫たちがお客さんを迎えてくれる

は街が終わりを迎えてから始めるのでは遅い。一番伸びつつあるときに何か対策を打っておかないと間に合わない。思っていることがあるなら、是非主張してほしい。そして、街のために動こうとしている人には聞く耳をもとうという風に、活動に参加できなくても街全体で変わっていってほしい、とおっしゃっていた。

生まれも育ちも鶴岡から遠く離れた場所である佐藤さん。現在に至るまで、様々な苦労や困難があったことがお話からも窺えた。しかし、鯉川支店に対する強い思い入れや、今なおもっているまちづくりに対する熱い思いがあったからこそ、今日に至るまで建物を守り続け、街のために活動し続けられるのだろう。

佐藤さんにとっての次世代に残していってもらいたいものは、二つある。ひとつはよい人付き合い、もうひとつは、昔から伝わっているもの、である。人付き合いのよさは、鶴岡に移り住んでから、佐藤さんが築いてきた人と人とのつながりのなかで感じられたものなのだろう。昔から伝わっているものについては、文化ということばの意味をもっとしっかりと押さえてほしい。食文化ひとつとっても、昔から伝わっている形というものを大切にしてもらいたい、とのことだ。

地方への移住が盛んに勧められる現在。佐藤さんはそれ以前からの実践者でもある。そのお話からは、地元の人に負けない、それ以上ともいえる鶴岡という街に対する強い愛情が感じられた。

参考文献

・大瀬欽哉・斎藤正一・佐藤誠朗編『鶴岡市史 下巻』鶴岡市役所、一九七五年。
・春日儀夫編『目で見る鶴岡百年（付酒田）中巻』エビスヤ書店、一九七七年。
・鶴岡市教育委員会編『郷土人物集・新装版 鶴岡が生んだ人びと』鶴岡市教育委員会、二〇〇八年。
・「南銀座商店街」鶴岡タウンマネージメント機構ホームページ（http://www.tsuruoka-tmo.com/shopping-street/minamiginza.html）。
・「当店について」鯉川支店ホームページ（http://www.koikawa.com/page9.php）。
・「『プンプとツッカの夏休み』出版 ドイツ語翻訳 佐藤伸浩さん 原著の面白さ伝えたい」『荘内日報』二〇〇六年七月一五日付（http://www.shonai-nippo.co.jp/cgi/ad/day.cgi?p=2006:07:15:834）。

（二〇一六年調査）

第八章　鶴岡を訪れた人びとを迎え続けて

―鶴岡ホテル―

一　鶴岡の旅館

「鶴岡ホテル」は、明治時代に建設された木造二階建ての旅館である。ここには、原敬、野口雨情、杉村春子、美空ひばり、宇野重吉、岡本太郎、仲代達矢、役所広司、日色ともゑといった多くの著名人が宿泊した。なかでも、杉村春子さんは三回も泊まりにきており、他のホテルに泊まるのは嫌だといっていたという。そこまで多くの人びとに愛された鶴岡ホテルとはどのようなところであったのだろうか。

一階には客室と広間と食堂があり、二階はすべて客室となっている。客室は和室で六畳、八畳、一〇畳の広さがあり、全部で二〇ほどの部屋がある。部屋を区切っている仕切りの襖を外せるようになっているため、大きな部屋にして宴会などを行ったりすることもできた。人数が多い場合は広間でも宴会を行っていた。

鶴岡ホテルは、二〇一四（平成二六）年三月にホテルとしての営業を終えた。しかしその後も引き続き四代目の地主晴禎さんはこちらを生活の場として、維持管理に努められている。近年は鶴岡市の歴史まちづくりのイベントにもこの建物を会場として提供されている。

大正初期（増築前）の鶴岡ホテル

二　鶴岡ホテルへの変遷

鶴岡ホテルは建てられてからおよそ一一〇年の歴史をもつ。しかしもとをたどると最初から宿泊施設だったわけではない。地主さんのご先祖の歴史をたどっていくと新潟へとつながる。初代の方は新潟から鶴岡にきて、現在の旧風間家住宅丙申堂にいた同家次男の風間富次郎さんに奉公していたが、その後、独立して呉服屋をこの場所で始めた。かつてこの界隈は呉服屋が並ぶ通りだったそうである。部屋数のたくさんある呉服屋であったため、問屋などがくると、どうせどこかに泊まるのだったらうちに泊まりなさいといって泊めてあげていたようだ。地主さんがおっしゃるには、おそらく呉服屋の経営がうまくいかなかったために、その後建物はそのままに「カネヒ旅館」という形で営業の形態を変えたのだろう、とのことだった。そして現在の鶴岡ホテルの建物に建て替えをしたときに、名前も「鶴岡ホテル」と改めた。そのため、地主さんも子どものころ、昔の旅館の屋号の「カネヒさん」と呼ばれていた。

カネヒ地主旅館の応接室を写した絵葉書
大正期の増築前の建物と思われる★

鶴岡ホテルで使われていたスリッパには「カネヒ」と書かれている。呉服屋時代の屋号も「カネヒ」であった。これは風間家に仕えた後、独立するときにつけたものである。風間富次郎さんの屋号が「カネ（矩尺＝┐）」に「ト」で「カネト」であったことから「カネ（┐）」を頂戴し、地主さんのご先祖のお名前が「廣治《ひろじ》」さんであったため、「カネ（┐）」に「ヒ」の「カネヒ」とした。

鶴岡ホテルという名前には困ったこともある。ホテルという名前のせいで、旅館に泊まりたい人から敬遠されてしまった。電話で「シングルお願いします」「ツインお願いします」と頼まれることもあった。また、旅行業者が仲介して予約を受けたにもかかわらず、旅館とは理解をしておらず、キャンセルされたこともある。そのため、地主さんは電話がくると「鶴岡ホテルとなっていますけれど旅館ですよ」と必ずいうことにしていた。これには、「わかっていますよ」と応える通のお客さんもいた。

三　跡取りになる

地主さんは、地主家の次男として生まれた。もともとはお兄さんが鶴岡ホテルを継ぐ予定であり、地主さんは、東京の大学に通い経済学を学んでいた。しかしお兄さんが体調を崩されたため、お父さんから鶴岡に帰ってきてくれと連絡があり、地主さんが鶴岡ホテルを継ぐ形になった。地主さんが、正式に鶴岡ホテルを継いで所有者となったのは二〇〇二（平成一四）年のことである。それまでは、お父さんやお兄さんが所有者であった。そのため、地主さんは子どものころにはお父さんからホテルのことについて話を聞くことはあまりなかった。お父さんが亡くなられるときには、「もうこの商売やめてもいいからの」ともいわれた。そのときは地主さんのお母さんがご存命で、地主さんはお母さんが健在の間はホテルを続けなければならないと思っていた。やがて地主さんも年齢を重ね、やれるところまでやろうと思い続けていたのが今につながったとのことだ。

地主さんは、ホテルでの仕事は料理以外、掃除からお客さんのお部屋への案内まで、すべて行っていた。昔はたくさんの従業員を雇っていた。お父さんの時代には、一〇人ほど雇っていたこともある。女中さんが六、七人、番頭さんが二人、送迎用の車の運転手が二人といった具合である。地主さんの代になると、閉館直前の時期には忙しいときに二人ほどお願いする程度であったとのことだ。だんだん泊めるお客さんの数も減らしてきたため、少人数でうまく仕事を回していた。

四〇年ほど前には、鶴岡北高等学校の生徒を対象にテーブルマナー講座を開いていたこともある。食堂で行ったり、広間に絨毯を敷いてテーブルを運び込んで行ったりもしていた。地主さんのお兄さんがホテルオークラで宴会の担当をされていたこともあり、鶴岡ホテルでも何かできないかということでテーブルマナー講座を始めた。その後、市内に結婚式場のエルサンができたため、そちらでもテーブルマナー講座を行うようになり、地主さんも何度か足を運んで教えていた。

四　平民宰相・原敬も泊まった宿

鶴岡ホテルには数多くの著名人が宿泊している。その一人が平民宰相として知られた原敬である。原敬は一九一七（大正六）年に宿泊した。この時代、政界では民政党と政友会という二つの政党が対立していた。そのため、両党が鶴岡に泊まりにきたときには政党ごとに泊まる宿がそれぞれ分かれていた。鶴岡ホテルには原敬の所属する政友会が、民政党はもうひとつの旅館、伊勢屋に泊まるということになっていた。この伊勢屋旅館はすでに廃業して、今はなくなっている。このように政党ごとに泊まる宿が分かれている状態は、現地の役人たちにとっては大変困ったことであったようだ。どちらかの旅館に泊まると、一方の政党寄りの人だと思われてしまうため、役人たちはわざわざ酒田の宿に泊まることさえあった。だから鶴岡には役人は泊まらなかったという話もある。

一九三三（昭和八）年発行の『鶴岡市案内』という書物には、鶴岡ホテルの様子が次のように記されている。

一日市町にある、伊勢屋と共に市内に於ける屈指の旅館で、待遇懇切、設備完全、外来客に対しても決して不快を与へない。

こうした記述からも、鶴岡ホテルが当時から様々な人びとに称賛されていたことがわかる。

七日町にあった伊勢屋旅館（伊勢屋ホテル）★

横座りをしてくつろぐ原敬
（地主晴禎さん提供）

原敬が宿泊した部屋

五　進駐軍と鶴岡ホテルの食堂

地主さんにお話をうかがった場所は、鶴岡ホテルの食堂である。食堂はとてもしゃれた造りになっており、他の客室とは雰囲気が異なる。

第二次世界大戦の終戦後間もなく、タイン中尉を指揮官とする一五〇〇人程度の進駐軍が、鶴岡ホテルの近くにあった東北電力の建物を接収した。そのときに進駐軍の上官たちが食事をしに鶴岡ホテルにやってきた。

当時はこの食堂も畳作りであった。外国には靴を脱ぐという習慣がないために、訪れた進駐軍の将校たちはみんな靴を履いたまま食堂に入ってきてしまい、急いで今の形に改築した。そのため食堂へは玄関から直接上がれるような造りになっている。これは地主さんのお父さんの友人が東京で設計士をしていて、その人に頼んで設計をしていただいた。天井はゆるやかなカーブを描くモダンなデザインである。食堂の正面中央には、スピーカーボックスがある。ステレオから音楽を流してダンスパーティを開いていたこともある。

スピーカーボックス

食堂の天井アーチ

客室や大広間に飾られている屏風
右下は学童疎開の記念に贈られた皿

かつて部屋は番号で呼ばれていたようだ
（大正期ごろ絵葉書）

部屋には庄内地方の山の名前が
付けられている

六　外国からのお客さん

時代によって泊まりにくるお客さんたちも変化していった。地主さんにとっても思い出深いお客さんのエピソードがいくつもある。

もう二〇年以上前のことである。外国からのお客さんが多く宿泊した。その人たちは、ここを訪れて初めて日本にきたような感じがする、と話していたという。

このお客さんたちは日本語を話せないため、通訳の人も一緒にきて食事をしていたのだが、そのときに目に留まった掛け軸について、何と書いてあるのか聞かれた。そこで地主さんが概要を説明した。そのことばは、「一片の曇りもなし」という意味のものであった。説明をしたところ、しばらく黙って考えていたが、やはり意味はわからない、と話した。

鶴岡ホテルには今も貴重な品がたくさんある。庄内地方の山の名前が付けられた客室には調度品や掛け軸などが、食堂には絵画が飾られている。それらのなかには地元の芸術家の作品もある。さながら部屋ごとに芸術作品を集めた美術館のようである。鶴岡ホテルでは、部屋ごとに掛け軸が決まっており、四季に応じて掛け替えていた。食器も四季ごとに決まっていたという。地主さんのお祖父さんがそうした品々に興味をもっていたとのことだ。

また、大広間の床の間には、第二次世界大戦中の学童疎開で鶴岡ホテルに滞在した人びとからの感謝の品が飾られている。これも鶴岡ホテルの歴史のなかのひとコマである。

日本人ばかりでなく、フランス、ドイツ、オーストラリア、アメリカといった国々からのお客さ

特徴ある階段

2階廊下

浴室の入口
英語の案内表記もある

浴槽

脱衣所の照明もモダンなデザイン

んも泊まった。宿泊者には皆帳簿に名前を書いてもらっていた。地主さんは、外国人のお客さんはみんなアメリカの人たちだと思っていたので、名前を書いてもらうときに、「ネーム」、といったが反応がなかった。その人たちはフランス人だったらしい。

三年ぐらい続けてオーストラリアの人たちが泊まりにきた。ツアーできたのだが皆体格が大きかった。その人たちが廊下の畳一畳分ぐらいのところに何人も集まったところ、床が落ちてしまった。それ以来、地主さんは人が集まると床が落ちてしまわないか、びくびくしていた。

浴室は、アールデコ調のデザインで趣がある。暖かな照明の光が点ると、何ともいえない味わいがある。この浴室は今も現役で活躍している。

七　大女優の定宿

鶴岡ホテルには女優の杉村春子さんが泊まりにきた。この方は三回ほど宿泊している。鶴岡ホテルの玄関には長い椅子が置いてあるのだが、いつもこの椅子に座ってタクシーがくるのを待っていた。そこに地主さんが顔を出すと椅子から立ち上がって、「この建物を壊さないでくださいね」と必ず話していた。

最後に泊まりにきたのは杉村さんが八〇歳を過ぎたころであった。冬であり、しかも一番寒い二月のことであったため、隙間風が入って寒くなり、ここに泊まって風邪をひいてしまっ

杉村春子さんが座っていた玄関の長椅子

ひとつひとつの客室が美しい

大広間の床の間

昭和40年代ごろの鶴岡ホテル★

たら大変だと地主さんは思い、付き人に連絡した。今はちゃんとしたホテルがあるからそちらに移してあげてください、と。ところが杉村さんは鶴岡ホテルでないと嫌だ、とおっしゃったため、地主さんは電気ストーブ、電気毛布などを用意して暖かくして準備をした。しかし、これらはみなコードが付いているために、今度は部屋がコードだらけになってしまい、引っかかって転んでしまわないかと、地主さんの心配は尽きなかった。

別のとき、地主さんが杉村さんの手を引いて部屋まで案内した。部屋に着いた杉村さんが「今日いやに暗いね」といった。すると、付き人が「先生、サングラスしてますよ」といって、みんなで大笑いしたのもよい思い出である。

その後杉村さんが亡くなり、「この建物を壊さないでくださいね」という人はもういなくなったと地主さんは思った。しかし、劇団俳優座の中野誠也さんが泊まったとき、帰りに靴を履きながら「この建物を壊さないでくださいね」といわれた。まだこういってくれる人がいたのかと思った。

他にもたくさんの役者さん、劇団の人が泊まりにきた。山本學さんや役所広司さん、佐々木愛さんも泊まっている。劇団員の方は、たいてい帰ってくるのが夜の一一時ごろになる。帰ってきてからご飯を食べるので遅い時間に用意して、地主さんが宴会を一二時半に終わりにしてくださいというと、しっかり一二時半にやめてくれた。また、役者さんたちが他のホテルに泊まり、裏方さんたちが鶴岡ホテルに泊まったときには、どうしてもみんな一緒で食べたいといって、全員一緒に鶴岡ホテルで食事をするということもあった。

「野口雨情」という題名のお芝居をする劇団の人が泊まりにきたときには、日色ともゑさんもその一員として宿泊した。昔、野口雨情本人も鶴岡ホテルに泊まったことがあり、そのことを伝えると、日色さんが野口雨情役の人に「本物も泊まったってよ」とうれしそうに教えていた。本人とそれを演じる人とが同じホテルに泊まったというのも、長年営業をしてきた鶴岡ホテルならではのエピソードだろう。

これだけたくさんの著名人が鶴岡ホテルに泊まっているが、サインなどはもらっていない。唯一杉村春子さんの色紙だけは残っている。サインをもらうなというのは地主さんのお父さんからの教えである。ホテルで働いている人たちがサインもらうと、他のお客さんにサインを頼まれたときに断ることができなくなる。それでは迷惑をかけてしまうため、もらわないことにしている。一貫して先代のポリシーを守ってきた。

八　子どものころの記憶

地主さんに子どものころの思い出についてもうかがった。かつては道路で遊んだり、近所のお寺に行って野球をして遊んでいた。軟式テニスのボールを使った一塁ベースしかない野球で、お寺の若い人も一緒になって遊んでくれた。また、冬になると雪の上でスケートもして、バスの後ろにつかまって滑ったりと今ではできない昔ならではの遊び方もしていた。

地主さんにお話をうかがう

お正月は鶴岡ホテルは必ず休みにして、従業員を休ませていた。そんなときは地主さんは食堂のテーブルのカバーを外して卓球台を並べて卓球をしていた。木のテーブルには節があるため、そこに球があたると変化球になる。そんな楽しい遊びの思い出もある。

鶴岡市鳥瞰図　中央下部に東北配電と鶴岡ホテルが写る（昭和戦前期絵葉書）★

東北配電鶴岡営業所の建物
『鶴岡市案内』

鶴岡ホテルの一角には、地主さんがご家族で住んでいた部分もあり、小さいころからホテルに出入りしていた。ホテルの仕事で忙しかったお父さんとお母さんの代わりに面倒を見てくれる人もいた。お姉さんに付いていてくれていた人、お兄さんに付いていてくれていた人、地主さんに付いていてくれていた人、とこれだけの人を雇えるほどにホテルは繁盛していたようだ。

鶴岡の町の変化も最近実感することが多くなった。鶴岡ホテルの住所は鶴岡市本町だが、もともとの地名は一日市町であり、昔からの商業地であった。現在は人が少なくなってしまい、空き地も増えた。この界隈にはかつて東北配電（のちの東北電力の前身）の三階建てのレンガ造りの建物があり、街のシンボルのような存在であった。

九　鶴岡ホテルのこれから

鶴岡ホテルはこれまで大きな改築をほとんど行っていない。玄関のあたりは少し変えたりしているが、ほぼ昔のままである。もっとも昔は車を玄関にまで乗り入れられるようにしていた。二階には一九二二（大正一一年）に増築した部分もある。また、ドアは日本

２階客室からの眺め

緑豊かな庭の様子

観光旅館連盟（日観連）の協定旅館になるときに鍵が掛かるように変えた。協定旅館になるためには、鍵を掛けられるようなドアであることや部屋の入口に踏み込みがある部屋が一定数なければいけないといった規定があり、それに合わせた。

今は建物の改築は考えていない。かつては改築をしようか悩んでいたときもあった。それは、宿泊施設の安全基準が厳格になり、耐震補強や火災報知器の更新といった対策を取らなければならなくなったときである。そのときに一級建築士のグループが泊まった。その人たちに聞いたところ、耐震補強をするためには数千万円もの費用がかかるといわれた。鶴岡ホテルにはスポーツ団体もよく泊まっていた。事故があったときには耐震補強がなされていないホテルに泊まらせた指導者の責任になってしまい、だんだん泊まる人がいなくなってしまうだろうという話もあった。耐震補強に要する費用の大きさに加え、地主さんご自身も年を取られたという事情から、鶴岡ホテルの営業を終了するという決断

カネヒ地主旅館楼上から眺めた金峯山
当時の屋根は石置き屋根だった
（大正期ごろ絵葉書）

鶴岡ホテルの玄関
右側の時計は古くから今も時を刻み続けている

をされた。

鶴岡市では歴史的な建物や空間のもつ趣を大切にしていくために、「歴史的風致維持向上計画」を立て、実行しているが、このことについて地主さんは肯定的に捉えている。鶴岡ホテルをイベントなどで使いたいという申し出があれば貸す協力はしてもよいと考えている。実際、これまでにも「歴まちＤａｙｓ」といった歴史的建造物を活用した、歴史まちづくりのイベントの会場として鶴岡ホテルが利用されている。

これから建物をどのようにするのかについてはまだはっきりとは決めていない。今現在も建物の維持管理にはたくさんの苦労がある。広い庭の手入れもしなければいけない。

一方で鶴岡ホテルのために一生懸命動いている人たちもいる。鶴岡ホテルの見学会にはたくさんの人が集まり、二〇一五（平成二七）年一〇月には、地元の大工さんや高校生、市役所の方々が協力して、塗装が剥がれていた外壁の塗り直しを行った。それほどにこの建物は人びとに愛されている。地主さんもまだまだこの街で暮らしていきたいと考えている。今の場所で周りの人たちとつながりができているこの土地がよいという。

子どものころから現在に至るまで、地主さんは周りの人とのつながりを大切にしている。学校から帰ってきてすぐ遊びに出かけたり、今でも近所の人のところに出かけたりと、この場所と人を大切にしている。鶴岡ホテルは、土地と人柄という地元のよさを知っている地主さんがいるからこそ、多くの人びとに愛され、大切にされ続ける。

参考文献

・大瀬欽哉・斎藤正一・佐藤誠朗編『鶴岡市史 下巻』鶴岡市役所、一九七五年。
・春秋庵獲麟編『鶴岡市案内 附、三温泉、善宝寺、三山神社』エビスヤ書店、一九三三年。
・東北出版企画編著『鶴岡市六〇年誌』東北出版企画、一九八四年。
・山形県近代和風建築総合調査委員会・社団法人山形県建築士会編『山形県の近代和風建築――山形県近代和風建築総合調査』山形県教育委員会、一九九八年。
・山口泰史「歴史を語る建物たち 鶴岡ホテル」『Future SIGHT』summer 2006 no.33 荘銀総合研究所、二〇〇六年（https://www.f-ric.co.jp/fs/200607/28-29.pdf）。

（二〇一五年調査）

第九章　写真とともに記憶が残る

―カメラショップさいひろ―

一　大正時代の土蔵風建築

毎月一のつく日に市が開かれたという一日市通りを歩いていると、歴史を感じさせるカメラ店に出会う。最初の印象は昭和レトロな雰囲気である。しかしよく目を凝らして見ると、白壁と土蔵からさらなる古さが伝わってくる。この建物はただものではないな、と思ってしまう。

正面から見ると、一階部分は煉瓦の壁に覆われているが、二階に目を転じると、土蔵造りの立派な姿を見せている。漆喰仕上げの白壁に瓦屋根。土蔵風建築のカメラ店ということで、初めて見る者の目を釘付けにするようなたたずまいである。これが「カメラショップさいひろ」である。建物が建てられたのは一九二一（大正一〇）年。当初は呉服店としてスタートした建物は、昔ながらの地元に根づいたカメラの専門店として、高品質のカメラを扱い、販売、修理、買い取りを行っている。

斎藤保明さんは、カメラショップさいひろの二代目店主であり、こちらにお住まいになりながら築九〇年を超えた建物を大切に守り続けている。

二　空気が変わる内と外

店内に入ると、普段あまり見ることのないフィルム式の一眼レフカメラが目に入る。白壁の重みのある外観と、黒光りしたカメラが並べられた店内とのコントラストが印象的である。店の奥には、土縁と続きの間、お座敷がある。土縁とはあまり聞き慣れないことばだが、部屋の内外の緩

土縁から続きの間へ
板目が美しい

土縁

床の間
柱材のこだわりや調度品、水墨画に目がとまる

仏壇

衝地として設けられた土間のことで、外側に土台から丈の高い雨戸を立てる。いわば雪国仕様の縁側である。

奥のお座敷に入ると色合いが変わり、昔ながらの雰囲気と生活が調和して独特の心地よさがある。初めて訪れたのに、どこか懐かしさを感じるような空間である。まず、水墨画の掛け軸や木目の美しい柱に目を奪われる。柱には花菱の釘隠しが用いられるなどデザイン的なこだわりも垣間見える。

仏壇は西海《にしがい》家の仏壇だったらしく、随分古いものであるそうだ。西海家は、斎藤さんのお母さんのご実家の姓で、源平合戦のころから続く平家の落人が先祖だという伝説もあるのだという。この仏壇も鎌倉時代あたりのものかもしれないとのことだ。そう考えると、単なる「昔のもの」という一言では片付けることのできない、奥の深い歴史がここに詰め込まれているかのようなロマンを感じる。

三　呉服太物の卸屋斎弘のあゆみ

お座敷にて斎藤さんに呉服物の卸屋斎弘から現在のカメラショップさいひろに至るまでの歴史をうかがった。

斎藤家の当主は代々、弘太の名を襲名しており、その慣行は斎藤さんのお祖父さんの代まで続いた。斎藤さんのお祖父さんである斎藤弘太さんは大正時代に呉服物の卸屋斎弘を営んでいた。

一九一三（大正二）年刊行の『荘内案内記　西田川郡之部』には、呉服太物商という項目のなかに「斎藤弘太　一日市町、卸商」という記載が見られる。それ以前のことははっきりとはわからないが、この建物が建てられた一九二一（大正一〇）年に花瓶などの備品を新調しており、さらに前から使っていたと思われる備品には一九〇一（明治三四）年と記されたものがある。少なくともこのころには商売をしていたのではないかと斎藤さんは考え

一日市町の呉服屋「斎弘」★

ている。

この建物が建てられた当時、一日市町は大きな呉服店が軒を連ねる呉服屋町で、一日市に行けばどんな衣装でもそろうといわれていた。このような発展には大きな理由があった。第一次世界大戦の戦時景気は農村の地主富農階級を潤し、特に衣服を贅沢にし、結婚衣装を華美にした。こうした時代背景が呉服屋を儲けさせることとなった。

一日市町通（明治～大正期絵葉書）★

一日市町佐清呉服店（明治～大正期絵葉書）★

かつての建物の規模を物語る大きな瓦屋根

衣料品は時代とともに変化してきた。例えば、普段着では地織りの木綿手縞が着られていたが、大正時代に入ると伊予絣、所沢絣や高級品の久留米絣が流行してくる。このような時代の変化に対応しながら、太物商としての斎弘は一九三五（昭和一〇）年ごろまで続いた。

なお、かつての斎弘の敷地は現在の倍以上の広さがあり、建物も裏手にあるクリニックのところまで続いていた。斎弘は小売商だけでなく卸商でもあったから、商品をストックする広いスペースが必要だったのだろう。正面から見たときには気づかないが、側面から建物を眺めると、とても大きな瓦屋根が載っていることに気づく。この大屋根こそ、往時の大店の盛業ぶりを今に伝えるもののように思える。

四　お祖父さんと写真との出会い

鶴岡における写真業の草分けは山王町にある寛明堂であった。創始者加藤正寛は元庄内藩士で、戊辰戦争後、謹慎中の酒井家第一三代当主、酒井忠篤に随行して在京中、写真術を学んだ。帰郷後の一八七一（明治四）年、写真業を開始した。このころ、カメラで写真を撮るのは職業写真家に限られていた。

それが明治末期になるとようやく、個人で写真を愛好する人が現れてきた。その一人が斎藤さんのお祖父さんの弘太さ

現在の寛明堂写真館

んであった。大正時代になると、写真は写真術の進歩とともに普及し、愛好者の数も増加したので、斎弘を中心として写真倶楽部ができるようになった。弘太さんは商用で東京、大阪、名古屋に出張することも多かったため、一九一八（大正七）年ごろから写真屋や印刷所、さらには一般愛好者から写真機材の購入を委託されるようになった。斎弘が購入した電気光源の写真引伸機はそれまでの太陽光源の引伸機と比較してはるかに便利だったため、本職の写真師、営業写真館までもが借用しにやってきたのだという。その結果、一九二一（大正一〇）年より繊維卸屋の業務の傍ら、印画紙や薬品など写真材料の販売も行うようになった。一九三八（昭和一三）年刊行の『鶴岡商工人名録』には、斎弘の営業品目が「呉服太物、写真機及材料」と記載されており、本格的に写真機材を扱うようになっていたことがわかる。写真材料の仕入れ先は日本で一番古いカメラメーカーである小西六写真工業（現在のコニカミノルタの前身）であった。当時は今のように物流が発達しておらず、業者に頼んで荷物を送るということはほとんどなかった。そのため、一生懸命リュックに背負って運んでいた。

戦時統制時代になると一般娯楽用のフィルムが販売されなくなり、専ら軍事関係、出征軍人慰問用として配給が行われ、出征家族の写真を盛んに撮って戦地に送った。そのころ山形県に配給されるフィルムは一括して斎弘に送られ、ここから全県下に配給された。戦後は、鶴岡にも進駐軍がきていた（一日市町にあった東北電力のビルを接収していた）が、彼らはカメラを本国から持ち込んでいたため、カメラ本体よりもフィルムや現像の需要があった。そのため、鶴岡では現像焼き付けを引き受けるカメラ店が五、六軒できたという。DPE（Development（現像）、Printing（焼き付け）、

Enlargement（引き伸ばし））と書かれた看板は現在でも見かけるが、これは進駐軍にわかるようにと掲げたものがそのまま定着したとのことである。

今でこそカメラは広く普及しているが、一般市民が趣味として撮影することはなかった時代に、新しいものを持ち込み、商売にしてしまう。そんな弘太さんの行動力と先見の明には驚かされる。

五　写真との縁が続いて現在へ

斎藤さんのお父さんは鶴岡工業学校（鶴岡工業高等学校の前身）の建築科を卒業し、建物の設計・建築を行っていた。一九四一（昭和一六）年には軍属として中国に渡った。そして一九四四（昭和一九）年に結婚した。ちょうどそのころ結核にかかっていたこともあり、鶴岡に帰ってきた。

療養生活の後、少し体調がよくなると、建築設計ができるということで鶴岡市役所に入ることとなった。そして、鶴岡市長者町の上下水道部の施設や鶴岡公園の二つの噴水の設計に携わった。鶴岡公園の噴水は現在は取り払われてしまったが、水道施設は歴史的遺産として保存され、旧庁舎は鶴岡市水道資料館として現在も公開されている。

しかし、まだ体調が本調子でなかったこともあり、自分で商

写真を用いて「斎弘」の歴史を説明していただく

売をしたほうが楽だろうと、設計の仕事を辞め、商売を始めた。戦後の混乱期ということもあり、正確な時期はわからないが、一九四六（昭和二一）年ごろのことだそうである。

斎藤さんのお父さんは七人きょうだいの末っ子（六男）で、三番目のお兄さんの弘三郎さんが上野の東京美術学校（現在の東京芸術大学）で写真を学んでいたため、お兄さんについていって写真を撮ったり、見様見真似で焼き付けをしたりしていた。そのような経験もあって、カメラ店を開こうと決心したのである。これがカメラショップさいひろの始まりである。

とはいえ、戦前から戦後間もないころまでは、写真はほとんど道楽であった。つまり、写真を撮るのは時間とお金がある人に限られていた。さいひろにも酒井家のご当主や地方の地主といった人びとが訪れ、勉強会や写真展を開催していたという。当時の名簿や記録も保存されているそうで、それはいわば当時の鶴岡の紳士録のようなものである。酒井家とのお付き合いはお祖父さんの代から続いており、特に酒井家第一七代当主、忠明さんは写真好きとして知られ、写真集も出されている。鶴岡出身の作家、丸谷才一も写真が好きで、何度かお店を訪れたことがある。

斎藤さんも日本大学芸術学部の写真学科を卒業し、カメラ店の仕事を引き継いで現在に至っている。お祖父さんの代からの写真との縁を考えると、斎藤さんがカメラ店を受け継いだのも自然な流れだったのかもしれない。

呉服太物の卸商をしていた斎弘の時代には従業員が二〇人ほどいたが、現在お店のほうは斎藤さんが一人で営んでいる。お父さんの時代には、大阪万博や東京オリンピックといった国を挙げた大きなイベントがあり、カメラ店や写真店は繁盛していたそうだが、今ではなかなか儲からない商売となっている。時代や世代を超えて商売を続けることには難しさもある。しかし、お父さんの時代から変わらないのは、地元の人にとってのカメラ店であり続けているということだ。

最近では、若い女性でもカメラを片手に旅行がてら、さいひろの建物を撮影したりする人もいるようで、斎藤さんはそうした人を見かけると、話だけでも、と声をかける。商売になる、ならないよりも、人との語らい、そこから生まれるつながりを大事にしている。

カメラそのものについても、デジタル化という大きな変化があった。斎藤さんは子どものころから身近にあったカメラになじみ、小学校高学年のころには暗室に入ったりもしていたそうだが、デジタルカメラが主体の時代となった今日では、暗室があるところはほとんどなくなってしまった。手作業で現像焼き付けを行う必要はなくなり、カメラの操作もフィルムとデジタルでは異なる。少し寂しさを感じながらも、斎藤さんは何をどう撮るかという、いわゆるソフトの部分ではデジタルもフィルムも関係ないと考えている。デジタルカメラが一般的になってくると、新しい趣味として写真を始めようという人も出てくる。そのような人に対して斎藤さんは、カメラの操作方法を教えることはできるが、ソフトの部分というのはその人自身のもつ感性なので教えることはできない、とおっしゃっていた。

斎藤さんご自身も、もちろん写真を撮影している。子どものころから寛明堂や松森写真館（一八八〇（明治一三）年創業）などに集まって、撮影会や勉強会にも参加した。現在は Facebook でも鶴岡の街の季節ごとの移り変わりを捉えた美しい写真を公開されている。

六　不況の時代ならではのこだわり

カメラショップさいひろの建物は一九二一（大正一〇）年に建てられたもので、今日ではなかなか見られないような太い柱や、細かい細工が施された格子窓などが残っている。当時としても材料にはとてもこだわった建築となっている。

材料へのこだわりは、至るところに表れている。それぞれの場所について使用する材料を相当にしっかり吟味したようで、杉材を用いた建具、天井も杉の柾目を用い、土縁の上の板は腐蝕に強い檜。さらには梨や栗といった、様々な木材が用いられている。随所に漆塗りが施され、現在まで変わらずに保たれている。見事なまでに部屋や用途によって材料を使い分けている。斎藤さんはこうした建物の造りを「まさに適材適所」だとおっしゃっていた。お話をうかがうほど、建てた人、住んだ人のこだわりを

随所に材料へのこだわりが見える

目の細かい格子窓

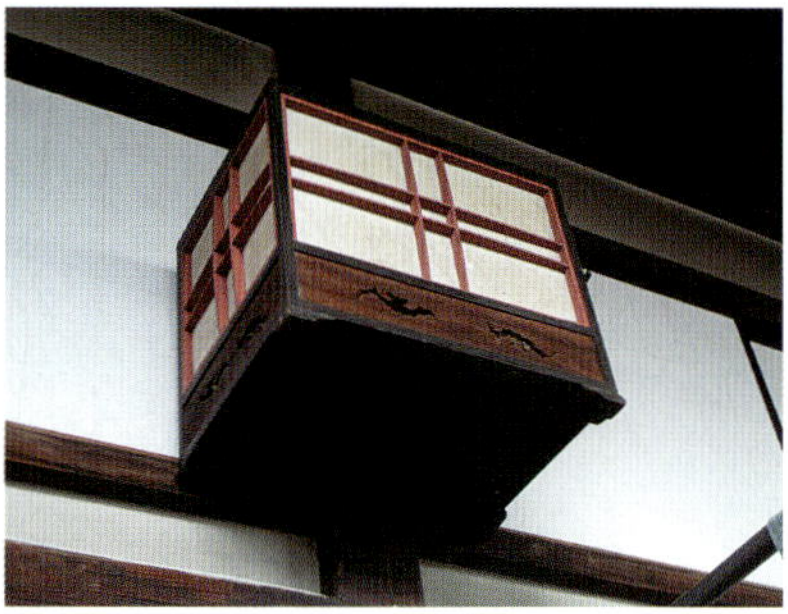

こうもりがあしらわれた鳥かごの覆い

提灯の入った木箱

歴史を感じさせる鳥かご

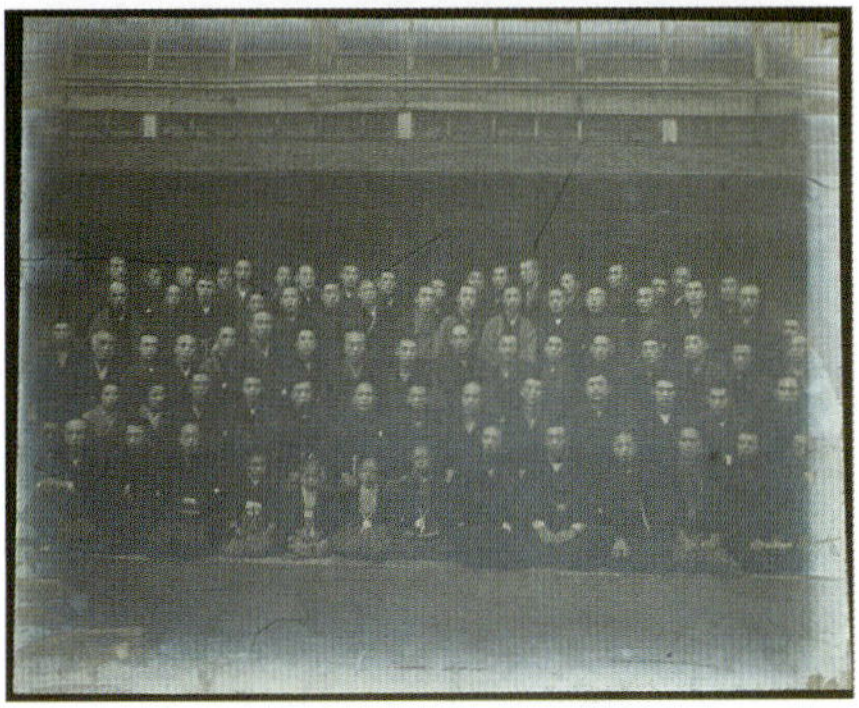
建物竣工時の記念写真

実感する。

意外にも、このような材料を集めるのには不況のときのほうがよかった。景気が悪いと、人手が余っており、よい材料も比較的安く調達できた。この建物が建てられたのも、一九二〇年代の大正不況の時代である。このようにして、不況のときに家を建てたという話は他でもよく聞くそうで、経済的な混乱のなかでもかつての街の繁栄ぶりを象徴しているといえる。

材料へのこだわりに加え、風土に合った建て方をしていることも自慢できる点である。日本海側に位置する鶴岡特有の北西季節風の影響を受けにくい構造となっており、道路からの音も遮断される。床柱の下などはすべて黒漆で塗ってあるが、日があたらないために今でもその美しさが保たれている。見た目の美しさに加え機能性まで考えて建てられたことが、今日まで保たれている一因なのだろう。

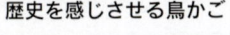

七　鶴岡の教育に育まれて

カメラショップさいひろには、古い中国の漢籍である『詩経』などの書物も多数残っている。なかには寛永元年と書かれたものもある。これらは昔の人が教科書として勉強するのに使っていたものだ。このような教科書は譲ったりもらい受けたりしながら、様々な人の手に渡ってきたものである。これも鶴岡の人びとが昔から勉強熱心であったことの証である。鶴岡の教育は、「庄内論語」をはじめとした独特の文化と歴史でもって、多くの著名な人物を輩出してきたが、斎藤さんのご親族にも、そうした鶴岡の教育に育まれ、すばらしい功績を挙げた人がいる。

斎藤弘吉
（鶴岡市教育委員会提供）

鶴岡駅にある「渋谷ハチ公像」試作品の展示
左下に斎藤弘吉の写真も飾られている

斎藤さんのお父さんのお兄さんで、長男の斎藤弘吉さんは、日本犬やニホンオオカミの研究家であり、日本犬保存会を立ち上げ、日本動物愛護協会の理事長を務めた人物である。もともとは東京美術学校（東京藝術大学の前身）に学び、洋画家を目指していたが、病気療養中に出会った日本犬に影響を受け、絶滅が危惧された日本犬の保存活動に取り組むようになった。日本犬の調査中に、渋谷駅前で主人の帰りを待つ秋田犬ハチのことを知り、新聞に投稿したことがきっかけとなって、現在も渋谷駅前にあるハチ公の像を造る発起人となった。

戦後には、第一次南極越冬隊とともに南極に行き、その後輸送力の関係で現地に残されたにもかかわらず生き延びたタロとジロ（その物語を映画化した「南極物語」は大ヒットした）を含む一五頭の樺太犬銅像の建立にも深く関わった（銅像は東京タワーの下に設置されたが、二〇一三（平成二五）年に東京都立川市の国立極地研究所に移された）。銅像を製作したのは安藤士（現在の二代目ハチ公像の製作者）で、弘吉さんは斎藤弘山の名前で構成を担当した。

このように、動物を愛し様々な活動に尽力した弘吉さんの本業は造園であった。洋画とともに建築造園についても学んだ弘吉さんは、宋時代の庭を復元して天皇陛下を案内したこともあり、また国立近代美術館の庭の設計も手がけている。東洋の古美術にも造詣が深かったとのことである。

そして次男の弘次さんは、石油会社の社長を務めた人物である。また斎藤さんの母方のいとこには、現在大手タイヤメーカーの役員を務めている方もいる。鶴岡から、日本を代表する企業の経営者が生まれており、そのなかには斎弘につながる人びともいるということだ。

このように、斎藤さんの一族には学術面や芸術面での功績を残したり、大きな組織の代表として活躍された人物が多い。鶴岡の地には質実剛健な人を育む教育文化が根付いているようだ。教科書を貸し借りしながら学んでいた江戸時代の人びとの精神は今でも受け継がれ、これからも鶴岡内外の発展に貢献していくことだろう。

八　街並みの変化と取り組み

斎藤さんは現在、森茂八商店の森久市さんから一日市商興会長を引き継いで活動されている。これまで四〇年ほど商店街に関わってきたが、そのなかで特に変わったと感じるのは、道路の拡張と商店の減少である。昭和時代には、この界隈には問屋や生鮮食品を扱う商店が多数あったが、商店の数は四〇年前の六〇軒から、現在は二八軒と半分以下にまで減ってしまった。この数字は、東北電力や山形銀行などの企業に会員になってもらってのものなので、実際の商店（個店）はさらに少ないことになる。結果として、空き家や空き地が多くなった。この一因として、鶴岡では特に高度経済成長期に、新しいものがよいという風潮のなか、多くの古い建物を壊してきたという歴史がある。

しかしそのような人びとの意識も時代とともに変わってきたと感じている。鶴岡市では歴史まちづくりが進められ、一般にも歴史や古いものの価値が広く認識されるようになってきた。カメラショップさいひろにも市役所の職員の方が訪ねてきて、意見を交換するようになった。斎藤さんは、今の時代になって古い建物や歴史について人びとが

斎藤さんにお話をうかがう

考えるようになったことをプラスに捉えている。そして、このような動きが何年も続いてほしいと願っている。

また、斎藤さんをはじめとした商店街の人びとは、四〇年にわたり一日市通りの一方通行の解除を訴えてきた。警察や市、県に様々な申請や陳情をしてきた努力が実を結び、ようやく今、実現に向けて動き出している。商興会長としての活動は、予算や人手の制約もあり、できることは限られてくる。しかし、できるだけのことをやっていこうと前向きに考えている。どれだけ時間がかかっても、粘り強く訴えることで明るい兆しが見えてくることを、身をもって実感しているからである。

一日市町で毎月一のつく日に市が開かれたのは昭和初期ごろまでのようだが、それから長い年月を経て一日市町界隈は新たな方向へ動き出そうとしている。

九　建物の管理と今後の展望

斎藤さんがこの建物に住むようになったのは高校生のときのことだった。それまでは小真木原町に家があり、そちらに住んでいた。お店のほうはお父さんが営んでいたが、当時は奥のお座敷は使われていなかった。斎藤さんが移り住むときには、それまで一〇年ほど誰も入っていなかったため、建物は荒れ放題でひどい状態であった。破れた障子、使えなくなった畳、部屋全体のくすみや汚れ。斎藤さんはこれらを一から修復していった。当時の様子は現在の美しいお座敷の雰囲気からは想像がつかない。そして、斎藤さんは修復や掃除をすることを通じて、人が住むことが保存することなのだ、ということを、身をもって感じた。

出窓部分が特徴的な土蔵

斎藤さんはこれまで、建物のなかでも自分で直せるところは極力自分で直してきた。建物の壁が白いのは、五〇年ほど前にお父さんが左官屋さんに頼んで塗ってもらったものである。それ以外の建具などは、やはりよい材料を使っているからだろうか、そのまま現在までもっている。自分でできる範囲しか手を入れられない、と控えめにおっしゃっていたが、内部もとてもきれいである。それでも雨樋や屋根の補修は毎年のように行っている。建物の将来については見通しが立っておらず、後継者もいない。それでも「人が住むことが保存すること」という信念のもと、今自分にできることを積み重ねていくことを重視している。

この界隈でも、現在では二階建ての土蔵は珍しいという。土蔵は現在、公開してはいないが、斎藤さんはこれを何かに生かしたいと考えている。カメラ店ということもあり、写真を展示するギャラリーをやりたいというのがひとつの希望である。「ギャラリーは儲からないのでね」と笑いながらおっしゃっていた斎藤さんだが、カメラ店主だからこそ写真の魅力を一番に理解しており、それを人びとに伝えたいという思いが強いのだろう。大きく引き伸ばされた大正時代の鮮明な写真が残っているということも、祖父の弘太さんがいち早くカメラや写真機材を持ち込んだおかげである。呉服店に始まり、その姿を保ちながらカメラ店へと転じていった趣のある土蔵造りの建物には、これからも時代を映した写真と記憶が刻まれていく。

参考文献

・大瀬欽哉・斎藤正一・佐藤誠朗『鶴岡市史 下巻』鶴岡市役所、一九七五年。
・大瀬欽哉『鶴岡百年のあゆみ――続・城下町鶴岡』鶴岡郷土史同好会、一九七三年。
・大瀬欽哉編『新編 庄内人名辞典』庄内人名辞典刊行会、一九八六年。
・岸本紫舟『荘内案内記 西田川郡之部』岸本宗道、一九一三年（国立国会図書館デジタルコレクション http://dl.ndl.go.jp/info:ndljp/pid/932566）。
・斎藤弘吉『日本の犬と狼』雪華社、一九六四年。
・堀浩一郎・関治夫編『大宝館展示人物集 鶴岡が生んだ人びと』鶴岡市教育委員会、一九九二年。
・三浦鶴林編『鶴岡商工人名録 昭和十三年十月』鶴岡商工会議所、一九三八年。
・宮澤智士『日本の民家』小学館、一九八五年。

（二〇一六年調査）

第十章　心と文化をつなぎ、重ねる

―割烹三浦屋　錦雲閣―

一　三階建ての和風建築

鶴岡市の旧町名である七日町は、かつては宿場町として栄えた界隈である。七日町の中心に位置する観音堂は、毎年一二月一七日の「お観音はんのお歳夜」に開かれる「だるま市」の際には多くの参拝客で賑わう。

この七日町界隈で、ひときわ目を引く建物がある。まるで近世の城の天守閣のような、和風三階建ての建築、「割烹三浦屋」である。一九三八（昭和一三）年に建てられたこの建物は、屋号である三浦屋の他に、「錦雲閣」という名をもっている。

瀬尾恵太郎さんは、豪壮にして華麗なこの建物の所有者であり、建物とともにこの通りの変化を見つめてきた人である。

七日町観音堂

二　錦雲閣ができるまで

錦雲閣は、一九三八（昭和一三）年に、瀬尾さんのお父さんである瀬尾富蔵さんが建てたものである。富蔵さんは黒川能で有名な旧東田川郡黒川村で生まれた。長じて七日町の三浦家（三浦屋の「や」には「家」を用いる場合と「屋」を用いる場合とがあり、置屋や待合といった営業形態のときには「家」を用いていたそうだ）に養子に入った。本家と呼ばれるその三浦家は、現在ある三浦屋よりも少し西側の場所にあった。その後分家して、新たに錦雲閣を建て、三浦屋を開業した（こちらの三浦屋も「家」を用いた時期がある）。

一九三八（昭和一三）年一〇月発行の『鶴岡商工人名録』には、市内の待合として二軒が掲載されており、うち一軒が「七日町　三浦家　瀬尾沖美　電話番号一〇三番」と記載されている（瀬尾沖美さんの夫が富蔵さん）。錦雲閣が建設された年の資料であるが、こちらは本家を指しているものと思われる。当時、鶴岡の芸者さんたちは、三浦屋のある七日町と八間町を拠点としていた。もう一軒の待合は、「八間町　今野家」とある。この二つの花街は、その位置関係から七日町が南廓、八間町が北廓という名で呼ばれていた。

瀬尾富蔵さん
1926（大正15）年　29歳のころ
（瀬尾恵太郎さん提供）

三浦屋は、一九三八（昭和一三）年の一二月二九日に家屋引っ越しを行い、翌一九三九（昭和一四）年一月一日に開業している。同年一〇月一六日より一九日までの間、三浦屋では新築披露の宴席を開いている。この開店祝の招待の宴は、一日に一ないし二回、一五〜一六人ずつお客さんを招いて開催された。当時の記録（「昭和一四年一〇月一六日　新築披露帳」）によれば、料理は上肴町の新茶屋から取り寄せたとのことである。

その後、富蔵さんは一九四七（昭和二二）年から一九六九（昭和四四）年まで鶴岡市議会議員を務め、その間一九六三（昭和三八）年五月から一九六四（昭和三九）年六月には第一一代目の市議会議長に就任している。政治家としてだけでなく、街の顔役として祭りの仕切りから何から、熱心に取り組む人だった。

錦雲閣を建てるにあたっては、富蔵さんの人柄を偲ばせるエピソードが伝わっている。建設にあたり、当時の両羽銀行（現在の山形銀行の前身のひとつ）から五千円の借金をすることになった。だがそのとき、富蔵さんは担保になるものをもっていなかった。「担保は何だ？」と問われて、「俺の体が担保だ」と答えたそうだ。すると銀行の支店長は「面白いやつだ」といって、希望通り融資をしてくれたという。今のようなギスギスしたところのない、余裕がある時代ならではの逸話である。

瀬尾さんが伝え聞くところによれば、錦雲閣は四人の大工の棟梁による競作・合作である。富蔵さんはこれらの棟梁を目黒雅叙園（日本初の総合結婚式場として知られ、なかでも百段階段が有名）、芝浦雅叙園（目黒雅叙園の創業者・細川力蔵が自邸を増改築して開業した料亭）、新橋の花蝶（名料亭として著名であった）といった場所に連れて行き、参考にさせたという。当時の最先端を取り入れようという意気込みのもとで造られた建物なのだ。

三　人びとの交わり・文化の交わり

三浦屋は、現在は割烹三浦屋の看板を掲げているが、戦前は待合（料理は直接提供しない）という営業形態であり、料理は周辺の料理店から取り寄せる形を取っていた。当時の七日町界隈は三業地（料理店・待合・置屋）として成り立っていた。三浦屋が料理を取り寄せていたのは、新茶屋

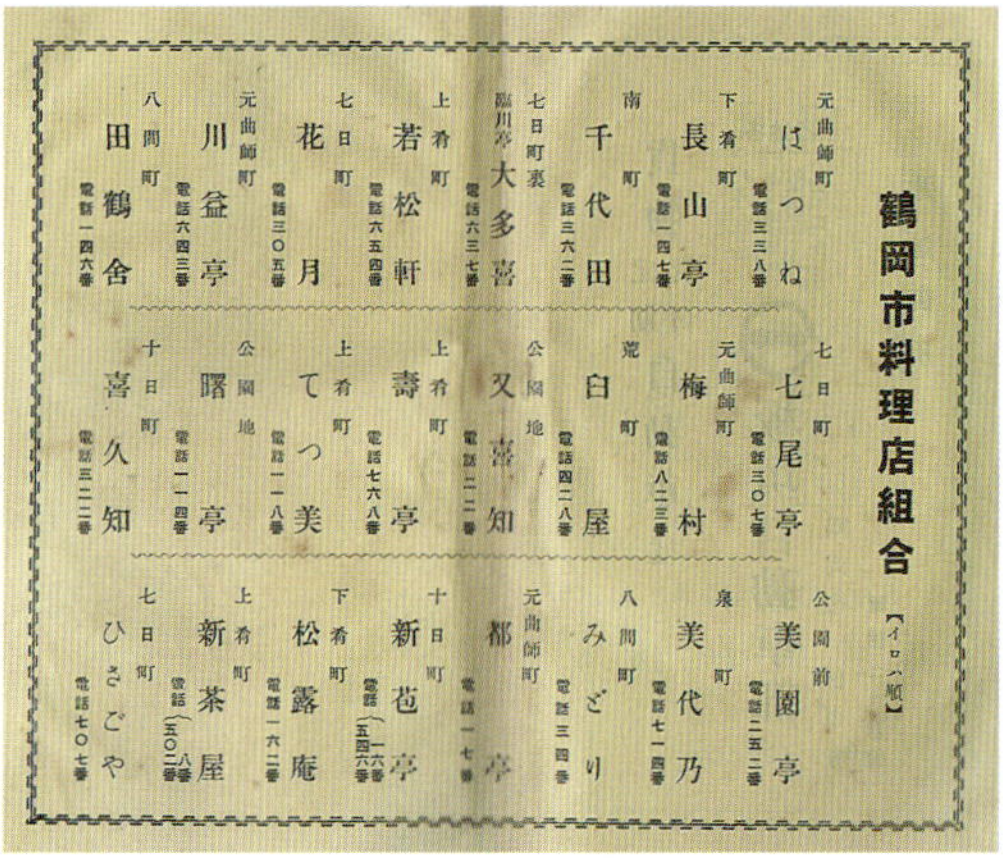

鶴岡市料理店組合

【イロハ順】

元曲師町 はつね 電話三三八番	七日町 七尾亭 電話三〇七番	公園前 美園亭 電話二五二番
下肴町 長山亭 電話一四七番	元曲師町 梅村 電話八二三番	泉町 美代乃 電話七一四番
南町 千代田 電話三六二番	荒町 白屋 電話四二八番	八間町 みどり 電話三四番
七日町裏 臨川亭 大多喜 電話六三七番	公園地 又喜知 電話二二番	元曲師町 都亭 電話一七番
上肴町 若松軒 電話六五四番	上肴町 壽亭 電話七六八番	十日町 新苞亭 電話（一六番 五四六番）
七日町 花月 電話三〇五番	上肴町 てつ美 電話一一八番	下肴町 松露庵 電話一六二番
元曲師町 川益亭 電話六四三番	公園地 曙亭 電話一一四番	上肴町 新茶屋 電話（一八番 五〇二番）
八間町 田鶴舎 電話一四六番	十日町 喜久知 電話三二二番	七日町 ひさごや 電話七〇七番

鶴岡市料理店組合加盟の料理店一覧
『鶴岡商工人名録』

（上肴町）、都亭（元曲師町）、長山亭（下肴町）といった鶴岡でも錚々たる名店ばかりであった。

三浦屋の近くにはお蕎麦屋さんも多くあった。菅沼、三浦屋、東京庵といったお店である（東京庵は今でも当地にあり、菅沼、三浦屋はそれぞれ市内の別の場所に移転している）。お客さんもそれぞれこだわりや好みが異なり、出前で取る蕎麦もそのときに応じて違っていた。

ここに集まってくるのは街の旦那衆である。そうした旦那衆は単にお金持ちであるだけでなく、地域の文化人でもあった。

たとえば絵の上手な人がいれば、すらすらっと描いてみせる。文章が得意な人は、それに賛を付けましょう、と書く。それでは私は小唄を歌いますという人がいると、芸者さんたちがそれに合わせる。これが大人たちのお座敷での遊び方だった。

こうした大人たちは、はじめから芸達者であったというよりは、お金をかけてお稽古事に勤しんできた人びとである。商店の旦那衆は競うようにしてお稽古事に励んでいた。お座敷は学んだ芸事の発表の場という性格をもっていた。皆芸事には投資を惜しまないようなお大尽であったのだ。

お客さんが勉強してきた人たちなので、芸者さんもそうした道の勉強をすることになる。こうして

野口雨情（48歳のとき）
（北茨城市歴史民俗資料館
/ 野口雨情記念館提供）

お座敷で様々な文化が育まれ、交流することとなった。

三浦屋をたびたび訪れた文化人の一人に、野口雨情がいる。「七つの子」や「シャボン玉」といった童謡の作詞で有名だが、全国の地名を冠した「〇〇小唄」といったものも多く手がけており、一九三〇（昭和五）年には「鶴岡小唄」を作詞した（作曲は佐々木英）。

「鶴岡小唄」はレコードも制作された。『目で見る鶴岡百年』によれば、「鶴岡小唄」のレコードは四家文子が歌い、片面は玉子（今野家）、政子（松よし）、繁子（いろは楼）、秀子（三浦家）の四人の鶴岡の芸妓がビクターに行って録音したものだそうで、SPと呼ばれる今では珍しい七八回転盤である。この四人がレコード録音とラジオ放送のために一九三一（昭和六）年一月一三日夕方の上り列車で東京

（左）鶴岡小唄のレコードと（右）楽譜
レコードの左手の写真は舞踏家・藤間春枝を写したもの

鶴岡劇場での「鶴岡小唄」演奏会

葭町の芸妓三人の写真
（サインが入っている）

「鶴岡小唄」のポーズを取る女性たち
『鶴岡市案内』

に出発する際には、鶴岡駅前は見送りに集まった花街の人びとで賑わった。この「鶴岡小唄」は現在、国立国会図書館に歴史的音源として保存されている。

当時鶴岡にあった新聞社である「鶴岡日報」が、「鶴岡小唄」の制作を記念して、「鶴岡小唄演奏会」を開催したときの写真が三浦屋に伝わっている。このときには著名な舞踏家の藤間春枝（春江とも。のちに吾妻流家元の吾妻徳穂を名乗る）も鶴岡を訪れている。後年、日本舞踊吾妻流の名取である吾妻勝子が三浦屋を訪れたときには、この写真を見て、「わあ、うちの先生の写真がある」と喜んだそうである。富蔵さんは当時の写真を、小まめにインデックスを付けてアルバムに保存されていた。それが今日まで大切に保存されている。

一九三三（昭和八）年には、新作民謡「鶴岡音頭」と「庄内小唄」が作られ、その発表会が盛大に行われた。『鶴岡市史　下巻』によれば、レコードを吹き込んだ葭町（現在の東京都中央区日本橋人形町のあたりにあった花街）の音丸、千三、松三がはるばる東京から奥羽線経由で鶴岡にきて伊勢屋旅館に入り、鶴岡劇場で鶴岡の芸者に稽古をつけたという。この三人が初音亭の庭園で鶴岡音頭を踊っているブロマイドも発売されたそうで、その一枚と思しきものもアルバムに保存されていた。この年には、鶴岡日報社主催で、「鶴岡市民歌」が作られ、「鶴岡音頭」と「庄内小唄」は「鶴岡市民歌」に対抗するかのように作られたとのことだが、「鶴岡市民歌」の歌詞の審査にあたったのも野口雨情と西条八十であった。この時期、野口は鶴岡との縁が深かったようだ。

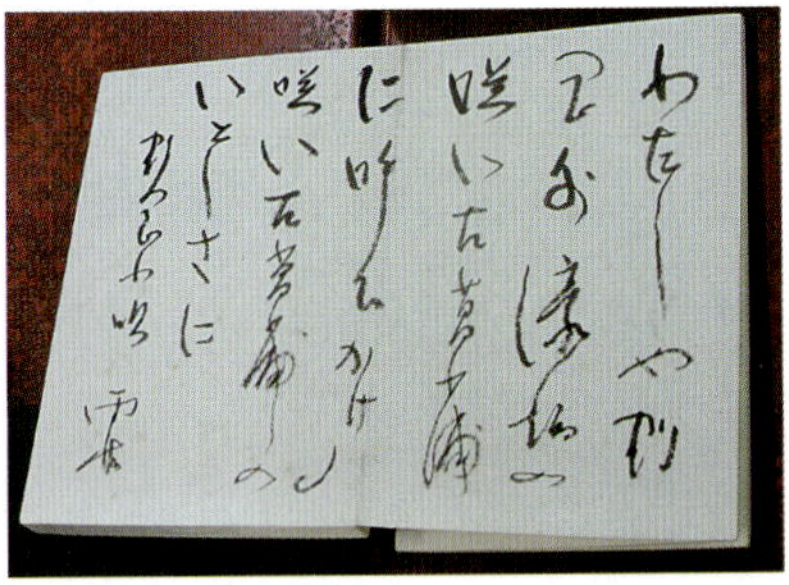

直筆の「鶴岡小唄」の一節

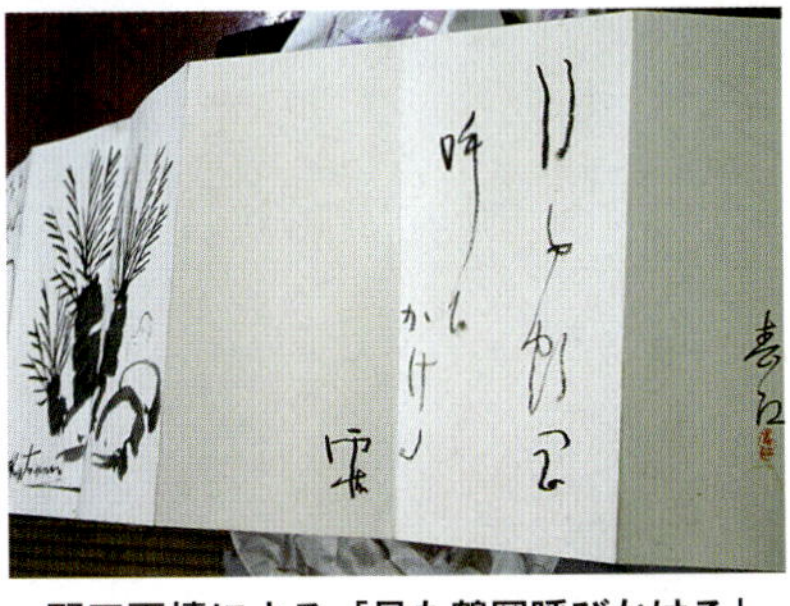

野口雨情による「月も鶴岡呼びかける」

　野口雨情は、三浦屋を訪問するたびによく色紙や折り本に書を書いた。一九三〇（昭和五）年に来訪した際には、「月も鶴岡呼びかける」と書いた。「鶴岡小唄」の一節である「わたしや鶴岡　外濠端の　咲いた菖蒲に呼びかける　咲いた菖蒲のいとしさに」と書いた折り本も残っている。

　色紙や折り本に書画を描いた人びとは、興じて硯をもってこさせた。それで墨を擦るのだが、ときには水ではなくお酒を用いたりもした。お酒で墨を擦ると、文字の色艶も変わってくる。鶴岡を代表する書家、黒崎研堂の弟子である松平穆堂（もちろん自身も鶴岡を代表する書家である）

一階広間にある松平穆堂書の屏風

松平穆堂★

も、そうした一人だった。三浦屋には表札からお座敷の掛け軸、さらには各部屋の名札に至るまで、多くの作品がある。すぐれた作品を数多く残した松平穆堂は、鶴岡高等女学校（現在の鶴岡北高等学校）に勤務していた時代もあり、教育者としても多くの人びとに書道を教えた。門下生のなかには、酒井家第一七代当主の酒井忠明さんもいる。そんな松平穆堂は、様々な「伝説」を残している。瀬尾さんが小学生のころ、書き初めのお手本を松平穆堂が書いていたのだが、赤ら顔で、一升瓶を飾り、中身をコップに注いでは飲み、コップに少し飲み残した酒を硯に移して墨を擦っていた様子を実際に見たことがある。

その他にも遠州流のお茶の先代の家元が書を書いてみせると、その後援会長をしていた犬塚又太郎（致道博物館の初代館長を務めた漢学者。庄内藩士で歴史学者の犬塚又兵の曾孫、民俗研究家の犬塚幹士の父）が今度は俺が書く、といった具合で即興の競（共）作が生まれる、といったことがあった。

こうした地域の文化人たちのある意味では遊びであり、しかしある意味では創作活動のような営みは、戦争をまたいで一九六〇年代くらいまで続いていた。趣味人や酒落者と呼ばれる人びとが集まって、新年会には書を持ち寄って批評し合ったり、作品と作品を合わせてひとつの作品にしてみたり、といったことをよくしていた。

鶴岡の歴史や文化をモチーフにした作品を多く生んだ小説家・藤沢周平もたびたび三浦屋を訪れた。この人も色紙を残している。鶴岡市内での講演に出かけたり、故郷の湯田川に帰った際に教え子に乞われたりしたときによく書いた句を、いかにも手慣れた様子で書いていた。ある年の二月に三浦屋を訪れた際には、冬の情景を描写した句を書いている。

こうしたお座敷の遊びは、一九六〇年代半ばくらいから衰退していった。それまでは、お客さんも粋人たちであれば、それを迎える芸者さんたちも勉強しなければならなかった。しかしこのころからだんだんと勉強してくるお客さんが減ってきた。そうなると芸者さんも教養を身につけなくなる。簡便な楽しみ方であるカラオケが普及してきたことで、西洋のサロンのような趣のある文化の交わりも失われてしまった。

四　錦雲閣をめぐる

瀬尾さんに錦雲閣の建物の各部屋を往時の物語とともにご案内いただいた。

建設から八〇年近い歳月のなかで、この建物にも時代に合わせて改築されたところがある。私たちがお話をうかがった広間（「暁」の間）は、もとは大きな部屋ではなく、二つの部屋をつなげて大きくしたものである。もともと待合として開業した三浦屋には、大きなお座敷はなかった。というのは、待合は小上がりでお座敷をかける、お座敷に上がる、といった利用のされ方をするところであり、どこか別のお店で宴会をして、その流れで芸者さんたちを連れて二次会に、といった具合にくるのが常であったからである。しかし一九六〇（昭和三五）年ごろからは、そのような使い方をするお客さんが減り、三浦屋自身で宴会を取らなくては、という必要に迫られて広間を設けることになった。

この広間を起点にして、建物をめぐる。現在は廊下となっている部分に、当初は中庭があった。泉水があり、そうすることで内側のお座敷も二階、三階も全部外につながっているという、トリックのような仕掛けがなされていた。

元の中庭から吹き抜けを見上げる

軒が設けられ、くぐり戸が付いて、という造りで、その上部は三階まで吹き抜けになっている。そうすることで内側のお座敷も二階、三階も全部外につながっているという、トリックのような仕掛けがなされていた。

（一）「喜楽」の間と「田舎」の間

二階へ移動する。階段を上ると左手に白壁がある。きちんとした門があり、建物のなかにいながら再びお屋敷に入っていくような気分になる。こちらの天井は船底天井という形になっている。天井に走る梁は、端と端の太さが変わらない。ゆうに五ｍを超える長さの、相当に高級な木材を用いているということになる。最初に案内していただいたのは「喜楽」と「田舎」という名のお部屋である。二つのお座敷からなっており、それぞれが都と鄙《ひな》という設定になっている。

入口に掲げられた松平穆堂の筆による額

「喜楽」「田舎」の入口

青空を模した壁と池水と石灯籠

船底天井

「喜楽」の間には驚きの仕掛けがある。障子を開くと青空が見える。といっても本物の空ではない。くぐり戸は一種の結界のような存在で、そこを通ると吹雪の日でも青空が望める。しかも石灯籠と池がある。池にはかつては水を上げていた。水を流すことで、暑い夏の日でも涼しさを感じさせる配慮である。音や見た目、つまり聴覚や視覚で感じる涼しさというものを、瀬尾さんは着物をたとえに説明してくださった。日本の着物、たとえば絽の着物といったものは、その透けた感じからして見た目に涼しい。しかし着ている人からすると実はそれほど涼しくはない。それでも白地であったり、あしらわれた秋草の模様が、人の歩く動きによって揺れて見え、涼感をかもしだすという、日本の文化に特有の感覚からくる涼しさの表現なのである。ここにいると建物の内部、しかも二階にいることを忘れてしまう。

そして造作にもこだわりがある。天井は板を一枚ずつはめ合わせて凹凸が表現されている。床柱に使われているのは、無垢の黒柿である。柿の木のなかで、数百本に一本の割合で柿渋の色が出て黒くなるものが出る。ただし、柿は真っ直ぐに成長する木ではないから、柱に使えるようなものはそうそう出てこない。あっても貼り物（他の木材の表面に貼り付けたもの）がほとんどである。そうしたなかで、こちらの柱はきわめて貴重な無垢の黒柿が用いられている。わかる人にはわかる贅沢である。当時の大工さんの腕の確かさ、技術に関する詳しさがこうしたところにも表れている。

二つのお座敷をつなぐ踏み石の部分は石と玉砂利と木材とを用いて川が表現されており、水車まである。通路は隣のお座敷のお客さんに顔を見られないように、身を潜められるような引っ込みがある。お座敷のなかには、開けると隣とつながっていたり、何かあった際に逃げられるような隠し扉のようなものがあったりと、「秘密」の場所としての配慮がなされていたりもする。

表座敷には、すべて雪見障子が用いられている。雪見障子は当時の流行であったようだ。そしてこちらにも庭が設えてあり、建物のなかに家がもうひとつあるような感じである。瀬尾さんの表現をそのままお借りするなら、お客さんは歌舞伎の演目のひとつ、「浮名の横櫛」の主人公・与三郎がお富を訪ねるような、そんなイメージだったのではないかとのことだ。

四畳半のお茶室からも作られた庭が眺められるようになっている。しかも座った状態で望むとちょうどよい塩梅になるように計算されている。この座った姿勢でいると、貂の剥製が目に入る。動物

無垢の黒柿の床柱

凹凸のある天井

部屋の外へと通じる隠し扉

川を表現した通路

茶室から見える庭

屋内にある茅葺き屋根

が、「あなたがおいでになったのを歓迎していますよ」とでもいいたげに樹の上から姿を覗かせている。

「田舎」の間には、その名にふさわしく茅葺きの屋根が作られている。材料の葦は、富蔵さんの故郷である黒川近くのものを用いている。かつては赤川あたりの葦を刈り、富蔵さんのご実家をはじめ一族の人びとが皮を剥いて納めていた。

二階の二つの庭にある石灯籠は、一九六四（昭和三九）年の新潟地震の際に倒れ、一部は破損してしまった。鶴岡市でも死者五人、負傷者二六人を出した地震は、この錦雲閣にもかなりの被害をもたらした。

（二）「富士」の間

先に見た二つのお座敷とはかなり印象が異なる。どうやら「喜楽」「田舎」とは違った棟梁が担当したようだ。四人の棟梁たちの共作であり競作である錦雲閣には、部屋や階ごとにそれぞれの個性がかなりはっきりと表れている。こちらはその名のとおり、富士山をコンセプトにしたお部屋である。額の絵も富士山ならば、窓の格子にも富士山があしらわれている。出羽三山や鳥海山といった、地元の名山ではなく（それらは旅行者向けの旅館などの部屋に付けられるのだろうが）、あえて富士山をコンセプトとしているところにも、非日常を演出するような気配りがあるような気がする。

床の間には、寶山左衛門という人間国宝になった歌舞伎の囃子方の色紙や、日本画家・川合玉堂の山水画の掛け軸が飾

富士山を描いた額

富士山をあしらった窓の格子

川合玉堂の山水画

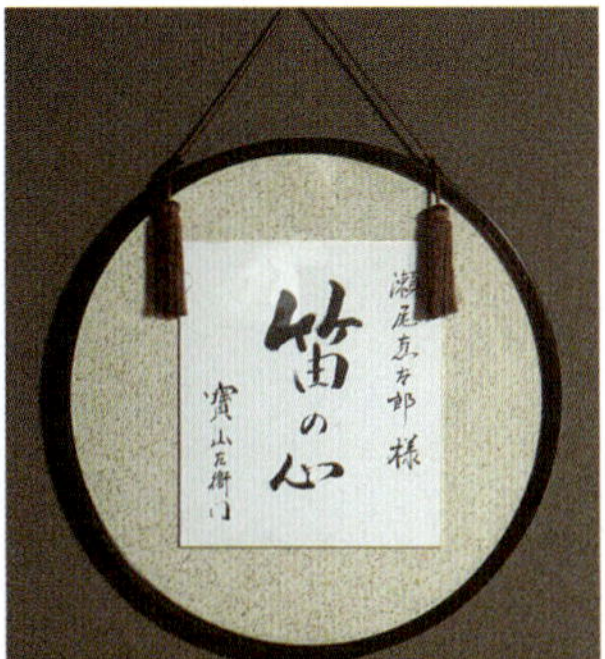

寶山左衛門の色紙

られている。ひとつひとつのお座敷に、それぞれ由緒ある絵画や書が飾られており、まるで美術館を訪問しているかのような錯覚を起こす。もっとも、こうした美術作品のなかには、酔客に壊されたり、持ち去られてしまったものもあるとのことだ。

このお座敷は、一階からの吹き抜けに接している。したがって、建物の中央部に位置していても外とつながっている。風が通り、さらには上の三階まで見通せる。実に開放感がある造りになっている。

吹き抜けから１階を見下ろす

(三)「応接室」

「喜楽」「田舎」というお座敷と階段を挟んで向かい側にある「応接室」は、洋風の造りになっている。和風の建物の趣が、一転して洋館にいるような気分になる。そしてこの部屋の壁紙、照明、それから椅子やテーブルは建設当初からのオリジナルである。

この部屋の天井には、変わったものが見られる。木枠のなかにガラスがはめ込まれている。これは明かり取りのための天窓で、三階の明かりを取り込むために設けられている。三階の廊下の床部分（上）とこの応接室の天井部分（下）とでガラスが二重に入っている。建物のなかでもちょうど一番真ん中に位置しており、どうしても室内が暗くなることから考えられた工夫である。

2階「応接室」

建設当時からの照明

明かり取り窓

こちらには額装された富士山の絵画が飾られている。風呂敷大の額絵で、大日本麦酒株式会社創立三〇周年記念に作られたものだ。絵の作者は横山大観である。大日本麦酒は、現在のアサヒビールとサッポロビールの前身にあたる。一九〇六（明治三九）年に設立されているので、三〇周年というと一九三六（昭和一一）年である。したがって、錦雲閣が建てられた時期とほぼ重なっている。

（四）「錦雲」の間

三階に移動する。階段を上がったところの天井も船底天井になっている。目の前の襖には、落書きがある。うっすらと「ホークス　田沢芳夫」と書いてある。鶴岡工業高等学校を卒業後、南海ホークスで活躍した田沢芳夫投手のサインである。プロ野球選手としての活動は一九五五（昭和三〇）年から一九六三（昭和

「錦雲」の間

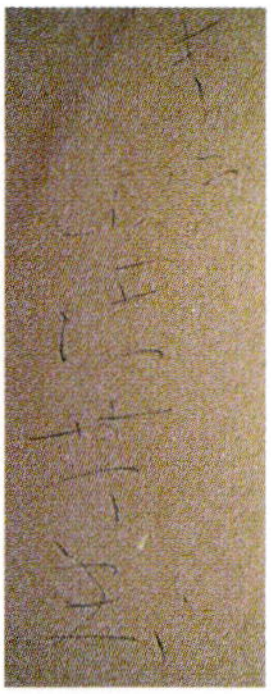

「錦雲」の間の表札　田沢投手のサイン

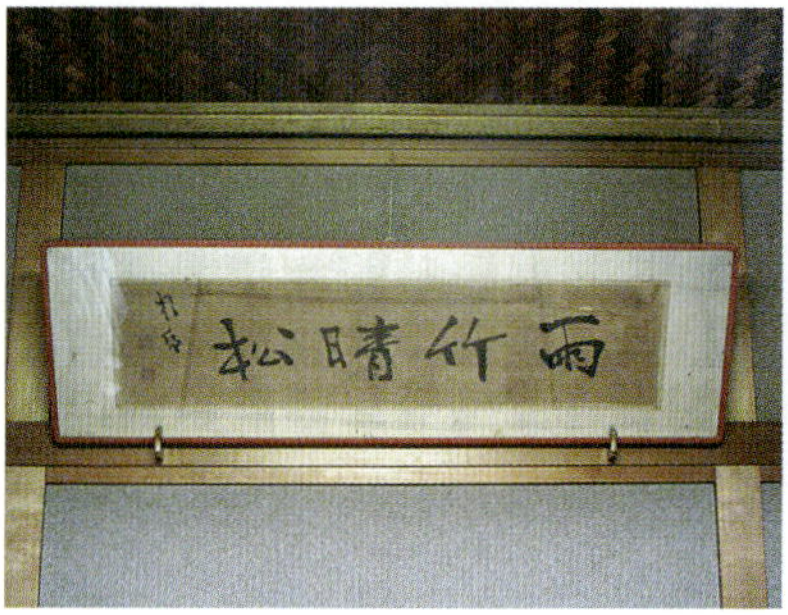

雨竹晴松の額

「錦雲」の間の天井

三八）年までと決して長くはなかったのだが、現役のときに訪れた際に戯れで書いたものだろうか。

「錦雲」の間は、建物と同じ名をもつ部屋である。一五畳で、当初はこちらが一番広かった。戦後、昭和四〇年代には遠州流のお茶会を隔月に開催していた時期があり、流派のお茶会の開催の勉強をしていた。そのために茶道用の釜を置く場所が設けられた。

この部屋の見どころは天井である。周りは金泥を塗って金色に光り、銀色に塗られた格子が設えてある。建築当初はさぞかしきらびやかであったことだろう。派手さのなかにも上品な感じが保たれている。この部屋には「雨竹晴松」の額がある。何となく、銀色と金色の色づかいが、それぞれ雨と晴れという天気に対応しているような感じがする。

瀬尾さんに教えていただかなければ気づくことのない、価値あるものがこちらにはある。それは四方柾目の柱である。きわめて貴重な最高級材とのことである。木材としての価値は、「喜楽」の間の黒柿の柱よりもさらに高く、この建物で使われているもののなかでも一番とのことだ。

四方柾目の柱

瀬尾さんが子どものころには、訪れたお客さんが材木をよく褒めてくれたことが記憶に残っていて、建物に入ってくると、「あーこれは」といって、玄関廊下や一階の広い廊下を隅々まで眺め、あるいは茶の間の陰などに入って、これだけの木目はどうのこうのと、その価値を語っていた人びとの姿が思い出に残っているという。

この他にも、現代の材木屋さんに尋ねても、どのような木なのか名前がわからないような、希少な木材が随所に用いられている。建物のデザインはもとより、用いられた材料の質も、目の肥えたお客さんたちをうならせていたのだ。

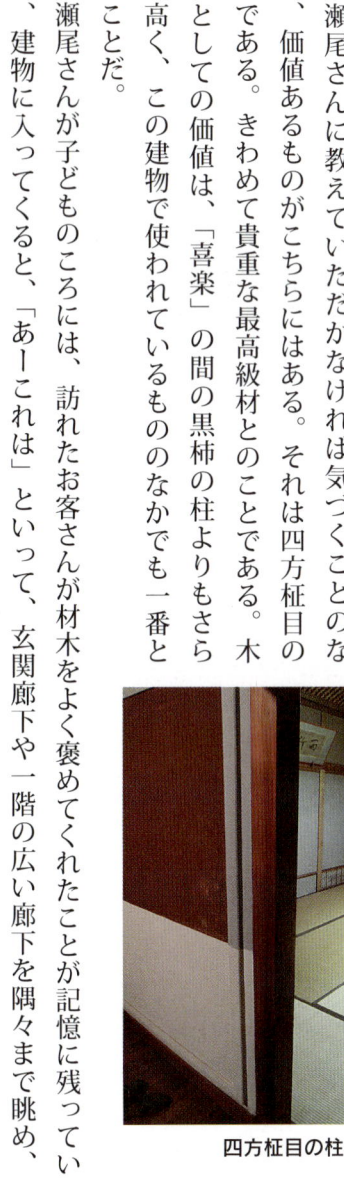

（五）「観月荘」

「錦雲」の間を出て廊下を歩く。先ほどの二階の「応接室」の天井の明かり取りの窓の上を渡っていく。突きあたりにあるのが「観月荘」である。通りの側から錦雲閣を見たときに真正面に位置する部屋である。

こちらは「応接室」よりもさらに洋風の度合いが強い。ヨーロッパのサロンを思わせる造りである。破風の付いた天守閣風の外観と内装とのギャップの大きさに驚かされる。こちらの壁紙、モールディング（天井と壁の境目の装飾）や照明器具などもすべてオリジナルのものである。

「観月荘」室内

「応接室」の明かり取り窓の上部

明るいデザインの壁紙と照明

「観月荘」から金峯山を望む

窓ガラスは当時としてはかなり大きなものを使っている。ここから目の前の通りを見下ろし、遠くには金峯山を望んだ。周囲に高い建物がなかった時代、ここからの眺めはさぞかし優雅で贅沢なものであっただろう。鶴岡の人びとにとって、金峯山の存在は象徴的なものであり、その姿は鳥海山や出羽三山と並んで特別なものであるとのことだ。

（六）「梅」の間

部屋の名前は「梅」であるが、まず出迎えてくれるのは竹である。緑の竹の縦格子があるように見える。だが、本当に竹なのは、格子のすき間の部分である。不均等に配された横の格子が竹の節のようになっていて、明かりに照らされると、実はこのすき間の

光が浮かび上がらせる梅

梅とウグイスをあしらった格子

明かりが生み出す竹

部分が竹のように浮かび上がるという、遊び心に満ちた仕掛けなのである。

各部屋をご案内いただいているうちに、日が沈んだ。瀬尾さんがひとつひとつ照明を点けてくださった。おかげで夜の時間にしか見ることのできない、この建物がもつ独特の風情を感じることができた。

この部屋の名の所以は、窓のところにあしらわれた梅の意匠である。こちらは下に鳥かごが置いてあって、そこから一羽のウグイスがちょっと抜け出て遊びに出ています、といった具合になっている。そうした情景描写がなされているのだ。ちょうど陽が差し込んでくると、梅とウグイスの姿はより引き立つとのことだ。

「梅」の間の天井部分

こちらの天井も、他の部屋とは異なった独特の意匠がなされている。互い違いに色合いの異なる板を用い、その角には菊の文様をあしらったような小さな装飾が付いている。薄くて小さな飾りひとつとっても、その当時の職人さんたちの技が表れている。

「梅」の間を出ると、一階からの吹き抜けの最上部に出る。かつてはここから池を見下ろしていた。下から見上げたとき以上に高さを感じる。これもまた当時の人びとに新鮮な印象を与えていたのだろう。

吹き抜けの最上部から１階を見下ろす

（七）「松竹」の間

最後にご案内いただいたのが「松竹」の間である。こちらにも松平穆堂の扁額がある。この扁額もこの部屋のために書かれたものである。

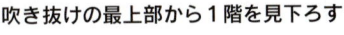

この部屋も、その名のとおりのコンセプトが随所にちりばめられている。床柱や違い棚には竹が設けられている。そして床の間の上部には、「四角い竹」が用いられている。同様の「四角い竹」は、「富士」の間でも見られたが、そちらは貼り物であった。しかしこちらの「四角い竹」は、型にはめて育てられた竹そのものである。京都に伝わる技術だそうで、こういったところでも訪れた人の目を驚かせ、楽しませる細工がなされていた。

障子の格子には、松葉の飾りが付いている。こぼれ松葉、地落つ松葉を表現したものだそうだ。こちらには窓ガラスが付いておらず、直接外に面している。そのために雨風が染みこんでしまい、建物を傷めてしまう。

鶴岡は、とくに冬の時期は気候の厳しい土地である。とりわけ西風が強く、多くの窓が設けてあるこの錦雲閣も、西側にはほとんど窓がない。明かり取りも高窓からになる。デザイン性を重視しながらも、気候風土に合わせた造りになっている。

「松竹」の間に至る廊下は、ガラス越しに鳥海山の方面を望めるような形になっている。こちらも窓の上部には細かな細工がされている。おそらくは部屋の配置も、金峯山、月山、鳥海山といった山々を借景にした眺望を考えて作られていたのだろう。

「松竹」の間の扁額

床の間上部の「四角い竹」

こぼれ松葉の飾りのついた雪見障子

3階から北側を眺める
建設中の鶴岡市文化会館や
鶴岡カトリック教会が見える

廊下の窓の上部には
雲をイメージしたような
装飾が施されている

1階から2階への階段
錦雲閣の名の通りこちらにも
雲のようなデザインが見られる

一階から三階へとつながる階段は、すべて檜造りである。そして実際に上り下りしてみると、驚くほど楽に歩ける段差・角度になっている。古い建物の階段の多くが、段差が大きく急角度であることを思えば、こうしたところにも細やかな心配りがあり、またそれが時代の最先端であったのかもしれない。

この錦雲閣は、「建築のテーマパーク」と呼ばれることもある。ただし、いわゆるテーマパークとは大きく異なる点がある。それはテーマパークが、趣や古さを醸し出す演出であったり、模造品で形作られているのに対し、この錦雲閣にあるものはすべて本物であるということだ。

五　七日町界隈の移り変わり

七日町は古くからの宿場町、花街であったが、同時に政治の舞台でもあった。この界隈を代表する旅館のひとつに伊勢屋があった。こちらの主人であった辻豊太は、市の憲政会の重鎮として知られた政治家でもあった。中央政界での政友会と、憲政会の後進である民政党との対立は、鶴岡の街にも持ち込まれ、前者は一日市町の鶴岡ホテルを、後者は伊勢屋旅館を定宿としていた。

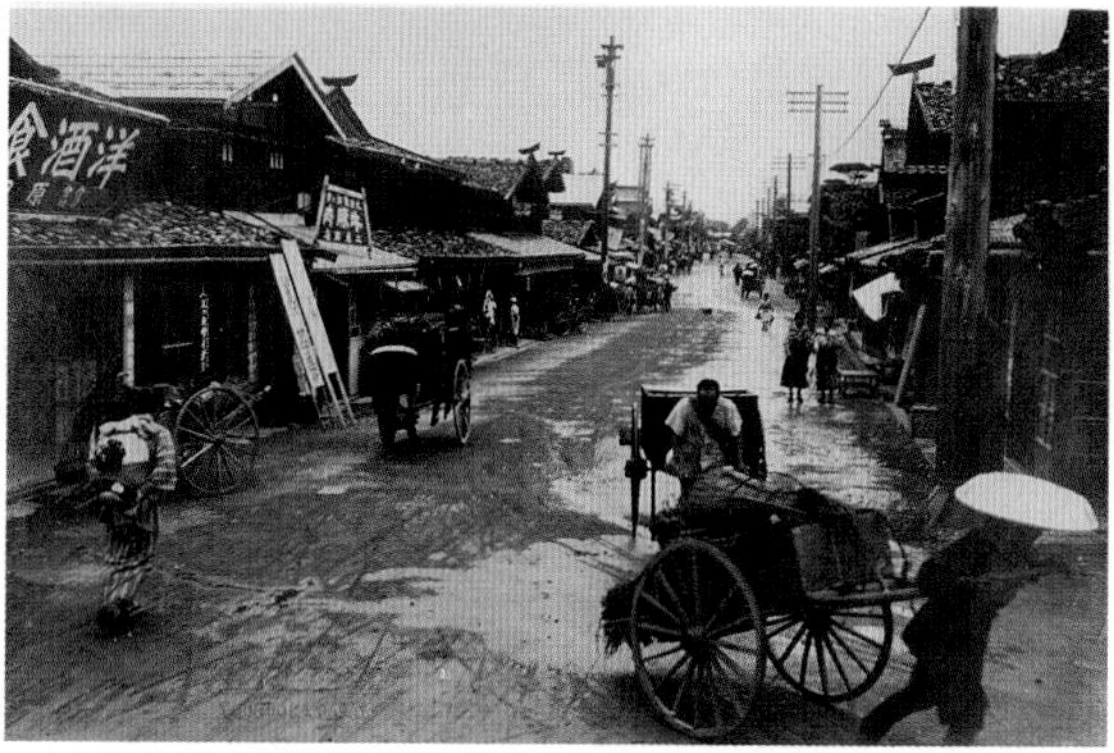

七日町通りの様子（大正期ごろ絵葉書）★

瀬尾さんも、芸者さんたちから昔の政治の熱気を伝え聞いたことがある。夜には近所のお寺を会場に、討論会や演説会が盛んに行われていた。戦前のお寺の位置づけは、今とは相当異なるようで、今よりも地域住民との交流があった。お坊さんたちが場を提供し、そこに料理屋さんの仲居さんや女中さん、芸者さんといった若い人びとがこぞって出かけていき、自分の応援するほうに与して、野次を飛ばし合ったりしていたのだそうだ。今ではちょっと想像がつかない、若さと熱気のある時代である。そして「待合政治」ということばがあるように、三浦屋もまた重要な政治の場としての役割をも果たしていたのだろう。

1931（昭和６）年の天神祭の際の写真
左の写真では、富蔵さんも祭りの格好をしている
いずれも三浦家（本家）の前で撮られたもの　門柱には「百三番」という電話番号が見える
（瀬尾恵太郎さん提供）

富蔵さんは、戦後になって七日町の顔役的な存在として市議会議員を務めていたが、同時に出身地の黒川の人びとにも支えられていた。七日町界隈だけでも、現在に至るまで多くの市議会議員を輩出している。この街が市の中心として、政治の街という性格をもっているということなのだろう。

そうした街の熱気は、祭りにも表れていた。「化けもの祭り」という名でも知られる鶴岡天満宮の天神祭の際には、伊勢屋旅館から神楽が出ていた。これは街の威勢を象徴するものであった。富蔵さんのアルバムにも、一九三一（昭和六）年当時のお店の前で撮られた、編み笠をかぶり、手ぬぐいで顔を隠した若い人びとの写真が残されている。古い写真からも、当時の祭りのエネルギッシュな雰囲気が伝わってくるようだ。

富蔵さんは、街の顔役として、祭りを取り仕切る役目も担っていた。一二年に一度（午年）の観音堂の御開帳のときには、三浦屋の周辺も大変な賑わいだった。しかし時代の変化とともに、昭和四〇年代にはきちんと行われなくなってしまったという。

天神祭は今でも続いているお祭りだが、賑やかな時代と比べると、やはりどこか寂しくなっている。かつては仮装行列はもちろんのこと、鶴岡工業高等専門学校や山形大学の学生が数多く参加して盛り上げ、最後には映画館（鶴岡にはかつて五館があった）の宣伝カーがやってきて祭りの行列の終わりを告げる。そんな感じだった。

今ではほとんど失われている地域の文化に當家《と(う)や》（頭屋などとも書く）がある。お祭りのとき、神様が外に出て氏子の家を毎年一軒ずつあたる。それが当たり家で當家という。當家になった家は神様にごちそうを差し上げ、お金をかけて歓待する、というものである。そのための門をわざわざこしらえて、杉の葉でできたくす玉のようなもの（造り酒屋にある杉玉・酒林のようなものだろうか）を飾る。山王日枝神社（お山王はん）の當家を三浦屋が引き受けたときのことを、当時小学生だった瀬尾さんは覚えている。お祭りの期間（三日ほど）、家を開放し、誰が訪れてもごちそうする。最後の日の夜には、帰って行く神様を街の若い人びとが高張り提灯をもち、謡曲を歌いながら練り歩いて神社まで送っていく。神社に到着すると、ご神体の厨子を背負ってあったのを背から下ろし、数人で抱きかかえて、「ウオー」という大声をかけ、本殿まで石段を駆け上がっていった。そんな光景の記憶が残っている。

當家は四年に一回のペースで七日町に回ってきた。そのたびにお金はかかるが、同時に街のにぎわいももたらしていた。当時は家の造りさえ、そういったものを受け入れられるようになっていた。だが生活が合理化していくとともに、祭りの文化さえ変わってしまった。

大泉散士の『鶴岡雑記帖』には、「花街であった七日町では、昼近くなると舞子とよばれる女の子がぞろぞろ出て来た。ぼんぼん下駄が動く度に頭の上の紙の簪がゆれて音を立てていた」という描写がある。『鶴岡市史 下巻』によれば、一九三七（昭和一二）年当時、鶴岡には一四軒の芸者置屋があった。

一人前の芸妓になるまでには、雛妓、舞妓、半玉という段階があり、最初は姐さんたちの身の回りの世話や掃除、それから三味線、踊り、太鼓、長唄の稽古に明け暮れる。半玉になると小唄、清元を稽古し、それらの芸が備わってようやく芸妓になることができた。

「三浦屋（家）」にも芸者さんがいた。同じく一九三七（昭和一二）年時点の資料によれば、三浦家には二人の芸妓、三人の半玉、四人の舞妓がいたことになる。これら本家の三浦家にいた人も、富蔵さんが引き受ける形で移ってきた。三浦家には、当時鶴岡ナンバーワンと謳われた丸子という芸者さんがいた。この人は鶴岡米の宣伝写真のモデルにも起用されている。一九三一（昭和六）年に鶴岡日報社が実施した「美人投票」では、丸子さんは第二位に選ばれている。

三浦家・丸子をモデルにした
鶴岡米の宣伝写真
（瀬尾恵太郎さん提供）

瀬尾さんも芸者さんたちの姿を見て育ってきた。戦前の芸者さんたちには、一〇歳前後で人商人によって売られてきたような人も少なからずいた。表面的な華やかさとは裏腹に、陰を背負った人もいた。ただし、そうした芸者さんたちは、地域の文化人をはじめとした教養あるお客さんたちに合わせるために大いに勉強する人びとであった。しかし、だんだんとお客さんたちの質が変わっていった。戦争を挟んでの世代の断絶ということもある。先にも触れたような、料亭での大人の遊びといった文化の衰退である。そして古くからの芸者さんたちも年齢を重ねていった。お客さんの文化が続いていかなければ、芸者さんたちの世代交代も進まない。

そうした社会の変化のなかで、三浦屋も料理をそれまでの他の料理店から取り寄せる形から、自ら提供する形（割烹）へと業態を転換させている。調理場は瀬尾さんのお母さんが担当していた。かつてはなかった宴会の場としての使われ方がされるようになり、一階の広間（「暁」の間）が造られた。

このような時代の変化を、瀬尾さんは「輪前輪後」ということばでもって説明された。「輪」は五輪、すなわちオリンピックの意味である。一九六四（昭和三九）年の東京オリンピックを境に、社会が大きく変わったということである。この年は、オリンピックとともに新潟地震のあった年でもある。経済や価値観の変化に加えて、自然災害もこの街に大きな影響を与えた。この「輪前輪後」の変化は、一九七三（昭和四八）年のオイルショックでもうひとつの転換点を迎える。

お客さんたちの変化といったことに加えて、市内には大型店が出店し始め、商店街の姿も変わっていった。商店街の近代化、高度化といった名のもとに投資と融資が行われ、お店は大きくなったりきれいになったりした。老舗の呉服店が大

鶴岡駅前にあった佐金百貨店（1965（昭和40）年）
一日市町の呉服店が前身で屋上には遊園地もあった★

型店舗のデパートへと変わっていったりもした。その一方で商店の人びとの生活の場は郊外へと移っていった。商売がうまく回っていけばよいが、悪くなると借金を返すために汲々としなければならなくなる。そうしてかつてのような賑わいは失われていった。

この時代、地方の文化が急速に失われていった。「食」についていえば、おいしいものが食べられなくなったという。家庭の味もなくなっていった。「悪貨が良貨を駆逐する」ということばのとおりに、中央からの資本が地域に固有の文化を侵食していった。

かつての内川端の風景　川沿いに建物が見える
（昭和戦後期絵葉書）

三雪橋から大泉橋にかけて川沿いに建物があった光景★

瀬尾さんの子どものころの印象に残っている風景に、内川端の間口が一か二間くらいの、狭いお店が建ち並んでいた街並みがある。そこには戦後樺太などから引き揚げてきた人などが住み、商売を営んでいた。やがてそうした街並みは姿を消していった。戦後直後から一九五〇年代は、雨露をしのげて、住まいして食べられれば、というギリギリのところでみんなが生活していた。五〇年代末に当時の皇太子殿下（現在の今上天皇）と美智子さまの結婚式があり、その後東京オリンピックがあってと、人びとはがむしゃらにがんばってきた。やがてオリンピックを挟んでの高度経済成長は、三浦屋の商売を通して見ても、人の生活を変え、街の姿を変えていった。

六　心と文化をつなぐ

瀬尾さんは、この建物で生まれ、学生時代の一時期を東京で過ごされたほか、人生のほとんどをこの建物で暮らしてきた。かつての多くの子どもがそうであったように、早くから家のお仕事のお手伝いもされていた。小学校に行って数を覚えると、どこのお座敷のお客さんは何人かと数え、どのお皿を何枚出すかを考えた。高いところから踏み台を使ってお皿を出すことなどは、早くから行っていた。五、六年生になると芸者さんたちの掛け取りという集金にも歩いていた。さらには外回りの玄関を掃く、打ち水をするといった、できる仕事からひとつひとつ覚えていった。

ときには錦雲閣が遊び場にもなっていた。家中で鬼ごっこやかくれんぼをした。複雑な造りのこの建物でのかくれんぼなどは、さぞかし面白かっただろう。実際、錦雲閣は、待合という建物の性格から、秘密の通路や屋根裏に抜ける土間といったものも設けられている。

床の間などには抜け穴が設けられていたそうだ

かつての鶴岡は今と比べると相当に雪が多かった。錦雲閣の前の七日町の通りなどは、夜になると道路もカチコチに凍っていた。まだ自家用車もあまり普及していない昭和二〇年代から三〇年代。瀬尾さんも、大きな竹を半分に割った滑りゲタでもって、スケートのように神楽橋のあたりまで滑って遊んでいた。

三浦屋は、その豪華さと裏腹に、時代の流れのなかで様々に翻弄されてきたという経緯をもっている。一九三八（昭和一三）年に錦雲閣での商売が始まったときは、すでに戦時体制へと社会が移行していた。花街の黄金時代は一九一〇年代なかばの五年ほどで、よい時代というのは何年もなかった。

そしてこの戦争で瀬尾さんはお兄さんを亡くされている。早稲田大学の学生だったお兄さんは、学徒勤労動員で愛知県にあった豊川海軍工廠で働いていた。東洋一の規模といわれたこの兵器工場は、一九四五（昭和二〇）年八月七日の空襲によって壊滅した。死者は二五〇〇人を超えるという。このとき犠牲になった一二人の早稲田の学生のうちの一人が、瀬尾さんのお兄さんだった。もしもお兄さんがご存命であったら、きっと瀬尾さんの人生も変わっていたことだろう。二〇一六（平成二八）年、終戦から七〇年を過ぎた年に、瀬尾さんは海軍工廠跡地に建つ慰霊碑にお参りをした。時間の経過とともに人びとの戦争の記憶が遠のいていくなかで、戦争によって喪われたお兄さんへの思いを大切にされている。

瀬尾さんは富蔵さんの病気をきっかけに鶴岡に帰ってきた。お話をうかがっていると、瀬尾さんが錦雲閣を建てた富蔵さんの心意気をしっかりと受け止め、引き継いできたことがひしひしと伝わってくる。

そしてもうひとつ、お母さんの思いも受け継がれている。瀬尾さんのお母さんは、昭和二〇年代半ばから三浦屋の台所を切り盛りされてきた。台所から三浦屋を支えてきたお母さんの介護も長きにわたって瀬尾さんがされてきた。二〇回目の「糸の会」（瀬尾さんが主宰する長唄の会）の発表会のリハーサルのとき、お母さんが危篤に陥った。それ以前、半年間も声を発していなかったお母さんが瀬尾さんに、「この家を壊してはダメです」と急にことばを発していった。そして翌日の朝には救急車で病院に運ばれた。瀬尾さんはお母さんから託されたこのことばを今も胸に刻み続けている。

背後から見た「錦雲閣」（2015（平成27）年10月撮影）

この建物には、多くの訪れた人びとの物語とともに、瀬尾さんのご家族の物語も宿っている。家族への思いを一身に受け止めて、瀬尾さんは錦雲閣を守ってきた。

建物は間もなく築八〇年になる。これだけ大規模な木造建築を維持していく苦労は並大抵のものではない。通りに面した錦雲閣の建物の裏側には、より古い、築一〇〇年を超えるほどの建物があった。住み込みの女中さんや芸者さんたちが使っていたところである。こちらはかつて水害に遭ったりしたことから、基礎が傷んでしまい、やむなく壊したそうだ。天井の部分の雨漏りなど、個人ではなかなか対応しきれない破損部分も出てきている。

三浦屋は、割烹としては二〇年ほど前から休業中ということになっている。時代の変化とともに、人びとの働き方も変わった。もののない時代には、住む場所と食べることを確保してあげればそれなりの仕事をしてもらえたが、現在はそうはいかない。それなりに調理場もできて、お座敷もできる人を二、三人雇って、となると、人件費だけでも相当なものになる。そこそこの売り上げではどうにもならない。だから三浦屋ではお客さんを二〇年ほどまともには入れていない。

お客さんを入れるためには、費用がかかる。人に掃除を頼むのも大変なことで、あとは自分でやらなければならない。やるとしたら徹底してやる必要がある。錦雲閣をお客さんに一回開くために自分で掃除をするとなると、ゆうに丸一日かかってしまう。所有者としてこれだけの大きな建物を維持管理していくことの大変さは、私たちの想像をはるかに超える。

それでも、錦雲閣は今なお現役の建物である。一階の広間（「暁」の間）は、長唄のお稽古の場として使用されている。

瀬尾さんは、錦雲閣で長唄の指導を行っている。長唄を始めたのは、生まれ落ちたときから、とのことだ。長唄のお稽古をこちらで行うようになったのは、この建物に一番合っているのが三味線の音であるという思いからだったそうであるが、それは同時にこの鶴岡で歌舞伎に連なる江戸の文化を育むことにもつながっている。

瀬尾さんが主宰する「糸の会」は、一九七〇年代から長唄の発表会を行ってきた。休まずに回を重ねて三〇年続けてきた。発表会を始めた当時は三浦屋のお客さんもいて、芸者さんたちもいた。

瀬尾さんにお話をうかがう

今から三七年ほど前に、瀬尾さんがＮＨＫ新人邦楽オーディションに合格し、ＦＭ放送での本放送も終わったころのことである。芸者さんたちのお座敷の数も少なくなってしまった。何もしないでいるのはもったいないから、昔覚えたものをさらい直して一年に一度くらい発表しようか、ということになったのが、「糸の会」ができたきっかけである。日曜日などに集まって、お稽古をして、発表する形になっていた。当時はまだ芸事に長けた芸者さんたちが健在で、指導する瀬尾さんの手もかからなかった。この「糸の会」発足の背景にも、先に触れたような地方文化の衰退に対する瀬尾さんの危機感というものがあった。もっとも芸事には流派があって、家元や師匠によって「手」の違いがある。「手」というのは旋律の違いのようなもので、三味線ひとつとっても同じ曲でも弾き方が違う。鶴岡の三味線には、勝派（杵屋勝三郎が家元）と五三派（杵屋五三郎が家元）とがあり、瀬尾さんはその両方を指導した。加えて踊りにも藤間流や花柳流といった流派の違いがある。芸者さんたちもそれぞれのお師匠さんによってそうした流派が分かれている。このような違いを楽しみつつ、工夫しながら発表会を行っていた。

瀬尾さんは大学生時代を東京で過ごしている。そのときに生まれた東京の長唄や三味線の人びととの交流は、瀬尾さんが鶴岡に帰ってからも続いた。そのなかには長じてその世界で有名になった人も数多くいる。そうした人びとも発表会にきて、演奏を行った。杵屋佐吉（佐門派七代目家元）、佐之隆、佐助、佐和十郎・日吉小間蔵、小八郎・杵屋勝松、勝国悠、勝彦・和歌山富朗、お囃子方の福原寛、堅田昌宏、田中傳一郎、山田流箏曲山登派家元山登松和、といった名だたるお師匠さんたちが、「糸の会」の九回目くらいから二〇年以上にわたり、交代で特別出演してくれた。この時代、この鶴岡で本物の芸の一端を間近で聴いていただく機会をもてたことが、本当に幸せなひとときであった、と瀬尾さんはおっしゃっていた。

こうして錦雲閣は江戸の文化とのつながりを保つ場所となっており、ここで瀬尾さんは、幼いころから身体に染みこんだ文化をつむぎ続けている。

七　心が生きる／心で生きる建物

私たちが聞き取りにうかがった際、瀬尾さんは錦雲閣の三和土のところを水で濡らして、まるで三浦屋のお客さんに対するような心遣いで迎えてくださった。玄関の床の間には自ら活けられたお花が飾られ、地元鶴岡の日本画家、真嶋北光画の鷹の掛け軸が出迎えてくれた。手前の白牡丹の衝立は、真嶋北光のお弟子さんの渓舟という人の作品だそうである。

お部屋はどこもきれいに掃除されており、その隅々にまで心配りがなされていることが感じられた。日々のお仕事の傍ら、この建物を掃除することがどれだけ大変か。それでもこのような形で私たちに様々なお話をお聞かせくださった。そこには今なお脈々と受け継がれた、もてなしの心というものがあるのだろう。

真嶋北光★

「錦雲閣」の玄関

一対で物語をなす掛け軸

松平穆堂による「錦雲閣」の扁額

一階広間（「暁」の間）の床の間には、活花とともに一対の掛け軸がかかっていた。右側には庄内浜の磯で釣り糸を垂れる男性が描かれ、左側には釣り上げた魚を魚籠に入れようとする男性が描かれている。その下には戯れているかのような蟹の置き物がある。そうしてちょっとした物語が演出されていた。私たちが訪問したのは夏の終わり。こちらでは月ごとに季節の感じを表した飾り付けをしている。この空間は、静謐でありながら、瑞々しい空気に満ちていた。

瀬尾さんのお話のなかで、ひときわ印象に残っていることばがある。「心で生きている」。瀬尾さんご自身の生き方を語ったものだ。この心が意味するところは何だろう。「○○の心」といったとき、「○○」にはどんなことばが入るだろう。「和の心」、「鶴岡の心」、「江戸の心」、「時代の心」、「もてなしの心」、そして「家族の心」、と挙げればきりがない。そしてそれらは古きよき華やかさ、明るさといった光の部分だけではない、陰の部分をももっている。だからこそ心は重層的で、奥深い。文化もまた、一人一人の心の積み重ねによって成り立つものであろう。ここでは様々な文化が交わり、つながり、重ねられてきた。それは今なお続いている。

錦雲閣には、時間とともに重ねられた心が生きている。そして錦雲閣もまた、心で生きている建物である。

参考文献

・大泉散士『私の鶴岡地図』阿部久書店、一九八一年。

・大泉散士『鶴岡雑記帖』阿部久書店、一九八六年。
・大瀬欽哉・斎藤正一・佐藤誠朗編『鶴岡市史 中巻』鶴岡市役所、一九七五年。
・大瀬欽哉・斎藤正一・佐藤誠朗編『鶴岡市史 下巻』鶴岡市役所、一九七五年。
・春日儀夫編『目で見る鶴岡百年（付酒田）上巻』エビスヤ書店、一九七六年。
・春日儀夫編『目で見る鶴岡百年（付酒田）中巻』エビスヤ書店、一九七七年。
・春日儀夫編『目で見る鶴岡百年（付酒田）下巻』エビスヤ書店、一九七八年。
・春日儀夫編『目で見る内川風土記』エビスヤ書店、一九九三年。
・岸本紫舟『荘内案内記 西田川郡之部』岸本宗道、一九一四年（国立国会図書館デジタルコレクション）
(http://dl.ndl.go.jp/info:ndljp/pid/932566)。
・春秋庵獲麟編『鶴岡市案内 附、三温泉、善宝寺、三山神社』エビスヤ書店、一九三三年。
・東北出版企画編著『鶴岡市六〇年誌』東北出版企画、一九八四年。
・堀浩一郎・関治夫編『大宝館展示人物集 鶴岡が生んだ人びと』鶴岡市教育委員会、一九九二年。
・三浦鶴林編『鶴岡商工人名録 昭和十三年十月』鶴岡商工会議所、一九三八年。
・鶴岡市「鶴岡市歴史的風致維持向上計画」（平成二九年三月　改訂）、二〇一七年（http://www.city.tsuruoka.lg.jp/seibi/rekishitekifuti/rekisikeikakunintei.files/ikkatubanH29.3.pdf）。

（二〇一六年調査）

おわりに

鶴岡市と私たちとの出会いは、二〇一四（平成二六）年一〇月に弘前市で開催された「東北歴史まちづくりサミット」でした。歴史まちづくりの認定を受けた東北の四自治体（当時）の首長が一堂に会する場に参加し、そこで紹介された鶴岡市の建物のもつ魅力に惹かれました。

私たちはそれまでに弘前市をフィールドとして人びとの建物にまつわる記憶を探るライフヒストリー調査を行っていました。この調査が一段落したところで、鶴岡市と「再会」しました。

私にとって鶴岡市は懐かしく、思い入れのある街です。今から二〇年ほど前、大学院生のころ、休業期間には必ずといっていいほどこの街に足を運び、学校に残された歴史資料の探索に没頭していました。宿から学校や郷土資料館に通う道すがら眺めた街並みの様子が思い出されました。もちろんこれだけの年月が経過すれば、変わったものも当然あります。一方で、当時は資料のことで頭がいっぱいで、街の様子をしっかりと見ることはあまりなかったように思います。そして、もう一度この街をしっかりと見つめて、建物や街並みを大切に守ってきた人びとのお話をうかがってみたいと強く思うようになりました。はからずもそうした願いがかなって、鶴岡での聞き取り調査が実現しました。そして調査は対象を変えながら現在も継続しています。

調査を実施するうえでは、弘前市での調査内容・方法を基本的に踏襲しています。将来的には二つの城下町の記憶を相互に比較することで、それぞれの長所や共有できる課題を探ることができたらと思っています。

本書の刊行にあたっては、多くの方々にご協力いただきました。調査にあたり、貴重なお時間を割いてくださいました、対象者の皆様には心よりお礼申し上げます。調査では、様々なお話を通して、鶴岡の歴史の魅力に触れることができました。また、私たちが作成した拙い原稿にもお目通しくださり、修正点などをご教示くださいました。本書は、対象者の皆様との共同作業によって作られたものです。

調査の実施に際しては、鶴岡市建設部都市計画課の皆様に大変お世話になりました。同課課長の早坂進様、佐藤守様、栗田甚吉様、後藤英記様、石黒正彬様、佐藤竹宏様（当時在籍されていた方を含む）には、調査の連絡調整だけでなく、聞き取り調査にも加わって、サポートしていただきました。弘前市都市政策課の工藤寛明様には、鶴岡市の担当者様との仲介の労を執っていただきました。

また、報告書の書籍化にあたっては、鶴岡市郷土資料館の今野章様にご協力をいただきました。同館が所蔵されている古写真のアーカイブを利用させていただいたことで、当時の建物や街並みがより身近に、視覚的に実感できるようになりました。加えて鶴岡市の歴史にまつわる様々なご教示をいただきました。鶴岡市教育委員会社会教育課課長の鈴木晃様、佐藤繁義様、三浦巧様にも刊行資料からの写真利用をお許しいただくとともに、文化財に関する情報提供をいただきました。

北茨城市歴史民俗資料館・野口雨情記念館には、野口雨情氏の肖像写真をご提供いただきました。

この場を借りて厚くお礼申し上げます。どうもありがとうございました。

本書の出版の機会をくださった弘前大学出版会の皆様にも感謝いたします。編集長の足達薫先生は、奇遇にも鶴岡市のご出身という縁もあって、貴重なご助言をいただきました。担当編集員の佐藤光輝先生には、内容から表紙のデザインに至るまで、本書の作成全般についてサポートをいただき、心より感謝いたします。

本書の制作を思い立ったころに、第四章「旅の家　皓鶴亭」のお話をうかがった中里健士さんが急逝されたことを知りました。三月に報告書をお届けしたときの笑顔の印象が強く残ったままでの訃報でした。一期一会ということばの意味を噛みしめつつ、これまで以上に人びとの記憶に寄り添っていくことの意義を深く感じています。感謝とともに、本書を中里健士さんに捧げます。

二〇一七（平成二九）年一〇月

高瀬　雅弘

髙瀬　雅弘

弘前大学教育学部准教授

1973 年東京都生まれ。専門は地域社会学・オーラルヒストリー。
主な著書に『山田野—陸軍演習場・演習廠舎と跡地の 100 年—』(編著、弘前大学出版会、2014 年)、『近代日本の人間形成と学校—その系譜をたどる—』（共著、クレス出版、2013 年)、『人口と教育の動態史—1930 年代の教育と社会—』（共著、多賀出版、2005 年）などがある。

人と建物がつむぐ街の記憶

—山形県鶴岡市を訪ねて（1）—

2018年３月23日　初版第１刷発行

編著者　髙瀬　雅弘（たかせ まさひろ）

装丁者　弘前大学教育学部　佐藤光輝研究室

宮本　ふみ

発行所　弘前大学出版会

〒036-8560　青森県弘前市文京町１

Tel. 0172-39-3168　fax. 0172-39-3171

印刷・製本　小野印刷所

ISBN 978-4-907192-60-0